走入亞細安

臺灣青年在東南亞國家的第一手觀察報導

ASEAN

林佳禾
胡慕情
郭育安
游婉琪
萬宗綸
賴奕諭
——著

目次

Part 01

圖解 亞細安的歷史

Part 02

當代亞細安

五大關鍵字，走讀東南亞

導論：臺灣人在亞細安

策畫主編／林佳禾

二〇一七年十月五日，臺灣的立法院發生了一件非常小的小事。

當時，剛從總統府調任國家發展委員會還不滿一個月的新主委，在第一次前往立法院接受質詢時，遇上在野黨立委提問，政府如何評估臺灣需不需要爭取參與慣稱 RCEP 的「區域全面經濟夥伴關係協定」（Regional Comprehensive Economic Partnership），一項以東南亞十國為核心往外擴大的區域自由貿易協定。

立委順口一問：「ASEAN 是什麼？」沒想到，主委頓時語塞，猶豫之間脫口而出：「北美的自由……」雖然馬上就被身旁的幕僚打斷，但已來不及，除了當場被糾正，也隨即被好事的媒體寫成了挖苦的花絮新聞。

ASEAN 是 Association of Southeast Asian Nations，也就是東南亞國家協會（東協），而既然你已經翻開了這本書，我們相信你肯定知道：「亞細安」就是 ASEAN 的音譯中文名稱。

既親近又陌生的鄰居

行政官員有沒有答對近乎快問快答的冷知識小問題，當然不是什麼值得放大檢視的嚴重缺失。何況，就算真的要探討臺灣人對東南亞有多不熟悉，肯定也不是官員的專利，以下就是一個簡單的小測試：

你知道二〇一八年一整年臺灣人前往美洲（包括北美和南美）、歐洲和紐澳的出國人次有多少嗎？答案分別是美洲七十一萬人次、歐洲五十三萬人次、紐澳二十一萬人次。你知道二〇一八年一整年臺灣人前往東南亞的出國人次有多少嗎？不包括寮國和東帝汶，答案是兩百四十五萬人次。

換句話說，臺灣人每一年前往東南亞的人次，差不多比前往歐美紐澳的人次全部加起來還多出了快一倍。

從交通部觀光局每年公布的這一組數字來看，「地緣關係」肯定是決定出國目的地人次多寡的關鍵。距離臺灣比較近的地區，一來可能有比較多產業投資，在地工作、生活的臺灣人理論上會比較多；二來基於旅行費用相對便宜，前往觀光旅遊的臺灣人也應該會比較多。別說東南亞，即使是臺灣人最常前往的中國、日本和韓國，根本原因也大致都是如此。然而，這二百四十五萬人次的意義，還是值得我們再多想一想。

行政院主計處近年來針對「國人赴海外工作」都會進行例行性的統計分析。根據入出國時間、勞健保投保等官方紀錄，主計處推估出二〇一八年在海外工作的臺灣人應該在七十四萬人左右，其中以地區來看，中國港澳就佔了五十五%，東南亞則以十五%居次，遠高於日本、韓國。

這一年，在東南亞工作的臺灣人大約有十一萬多人。讓我們假設，因為距離比較近的緣故，他們每一季都會往返臺灣和東南亞一趟。也就是說，二百四十五萬人次之中，可能有四十五萬人次是因為出國工作才去到東南亞；但剩下來的，仍然有兩百萬人次之多，這個數字至少是美洲的三倍、歐洲的四倍、紐澳的十倍。

從出國人次的逐年變化趨勢就能很明顯地看出來，早在政府拋出新南向的口號之前，臺灣跟東南亞的往來關係，就已經有一定程度的密切了。但大家都去東南亞做什麼呢？除了工作和觀光旅遊，我們還能想到哪些臺灣人前往東南亞的原因嗎？直覺會浮現的答案，或者能試著猜測的線索，似乎不多。

難以想像其他去東南亞的目的，跟我們能利用於認識東南亞的大眾渠道長期以來一直相對匱乏有關。攤開臺灣主流媒體的內容，在已經相對有限的國際消息篇幅之中，能找到的東南亞時事訊息幾乎在任何時候都不成比例地稀疏且破碎。即使難得關注了，很多時候也是透過遠處西方國家的眼光，來打量這些自己的近鄰。

亞細安的動盪 DNA

《走入亞細安》這本書最主要想呈現的，並不是「臺灣人怎麼看待亞細安」。我們認為臺灣社會已經很習慣以自我為中心來衡量「東南亞跟臺灣有什麼關係」、「臺灣需要知道東南亞哪些事情」乃至於「什麼是觀看東南亞的臺灣視角」，彷彿我們很清楚知道自己是誰、眼中的對方又是什麼樣子，但多數時候情況並非如此。

從近代史來看，亞細安跟臺灣有許多相似的命運。我們幾乎都在第二次世界大戰結束後才浮現出今日國家的輪廓；在國家成形的過程中，我們幾乎都經歷過內部族群關係的矛盾與衝突，也都深刻地被「冷戰」意識形態的對立框架影響了很長一段時間。比起我們傾向抬頭仰望的日本、總是競爭比較的韓國，亞細安的十個國家，在過去半個多世紀以來差異非常大的政治與經濟發展經驗，某種程度更像是臺灣處在平行時空裡可能產生的各種不同鏡相。

這本書的第一部分，就先以簡明的圖文故事，帶大家扼要地認識亞細安如何誕生，並逐步演變成今日的格局。

大部分臺灣人可能會直覺認為，相較於聯合國、歐盟，亞細安應該是一個比較晚近才出現的政府型國際組織。其實一點也不。二〇一七年八月，亞細安剛剛慶祝了它的五十歲生日，若以人生來描述，這已經是一個中年正盛、一步步要邁向熟齡的知天命之人了。

一九六〇年代，亞細安誕生於新興國家彼此對抗、衝突的亂局中。殖民者不願完全放手離去的獨立佈局，不同政權對於民族、疆域的不同見解，乃至於共產主義和自由主義互相滲透的圍堵角力，不同因素交叉影響，最後催生出一個起初國際戰略意義遠大於區域合作關係的區域國家組織。初創的五個成員國之中，馬來西亞當時成立不過四年、新加坡獨立僅僅兩年、菲律賓和印尼各自脫離殖民統治二十年左右，只有泰國在二戰前已形成如今的君主立憲體制，但當時因為中南半島的戰爭動盪，內政其實也被以美國為主的西方國家左右甚深。從一九六七年至今，前二十多年整個東南亞地區或多或少都還受到戰爭衝突與軍事佈局影響，要直到一九九〇年代以後才稱得上各國政局都逐漸穩定，亞細安也才逐漸增加到今日十國的規模。

和平到來的早與遲，也造成國家發展的起跑點落差非常大。一九六七年時，亞細安不論政治或經濟都處在高度不穩定的狀態，十個國家的實質 GDP 總額還不到兩千億，僅佔全球的一・〇三%，相較於人口比例明顯偏低。接下來五十年之間，成長趨勢逐步拉高，尤其在一九八〇年代末期以後，亞細安的成長速度就已明顯超過世界整體的腳步。二〇一六年，亞細安十國的實質 GDP 總額已達到全球的三・四%。整體來說，五十年內實質 GDP 成長了十五・九倍，遠高於全球的四・七九倍。儘管份額仍很小，但可以說這個地區的經濟活動活絡度是以高於世界平均的三至四倍速在發展。

從人均 GDP 的變化則可以看出，東協新舊成員之間有一個明顯的落差。一九九〇年代以後才加入的新成員四國（Cambodia, Laos, Myanmar, Vietnam，CLMV），數據上都是典型的中低發展國家（事實上，柬埔寨甚至一直到近幾年才正式脫離聯合國定義的「最低度發展國家」行列）。然而，如果換個角度看逐年的 GDP 成長率，卻又是不同的光景。東協十國從一九九〇年代起的 GDP 成長率普遍都高於全球平均。而新成員國比起老成員國（ASEAN 6）又普遍還更高一些，即使碰上區域性甚至全球性的經濟波動，新成員國受影響的程度，也往往比老成員國來得輕許多。

一九九八年亞洲金融風暴就是一個很好的例子。亞細安國家的經濟成長，長期都非常仰賴國際資本從外部挹注，因此泡沫化的潛在危機一直存在。當一九九七年下半年從泰國開始因為國際熱錢流出引發一連串嚴重的貨幣波動，以東南亞為首當其衝，亞洲各國就紛紛都面臨了一波國際金融炒家禿鷹式的掠奪。

結果，一九九八年東協十國的實質 GDP 成長率呈現明顯兩極。老成員六國全部負成長，其中當時最依賴國際借款與外國投資的泰國、印尼和馬來西亞受到的衝擊最為嚴重。誠然，亞洲金融風暴帶來的衝擊並沒有持續太久，一九九九年以後各國就逐漸回復到原本的發展腳步。但在受創最深的三國，這波衝擊卻對後來的國家發展都產生了長期的影響。

印尼當時選擇了接受國際貨幣基金組織（IMF）的金融援助與配套經濟改革計畫，但初期效果並不明顯，國內動盪最終造成執政三十餘年的強人蘇哈托（Suharto）政府倒台。接下來的十多年，先天條件格外良好的印尼，其經濟發展並沒有因為向國際結構性接軌而一飛沖天，反而維持起起伏伏，直至近年才逐漸發揮了優勢。

馬來西亞選擇不理西方國家反對進行外匯管制，短期經濟恢復得最快，但也助長了該國政商裙帶壟斷的結構性問題，後來成長腳步也逐漸放緩。此外，強勢的總理馬哈迪（Mahathir bin Mohamad）對時任財政部長、主張配合國際進行更大規模經濟結構改革的副手安華（Anwar Ibrahim）進行的殘酷政治鬥爭，也埋下了後來馬來西亞反對陣營整合的種子，深刻影響了馬來西亞晚近的政治格局。

泰國在金融風暴後也經歷政府倒台的不穩定局勢。商界出身、在內閣任職的塔克辛（Thaksin Chinnawat）建立了泰愛泰黨（Phak Thai Rak Thai）並且勢力迅速壯大，在二〇〇一年成為泰國首相。塔克辛上任後宣稱要記取金融風暴的教訓，嘗試推動一系列有別於以往的實業發展計畫，帶動經濟轉型，但政治上與傳統勢力無法共容的矛盾，卻也造成後來他遭到政變鬥垮之後，泰國就進入了紅黃衫軍長期對立的政治僵局。

從這些例子可以看出，東協十國的政治與經濟發展呈現互為因果的高度交纏。人們不太可能單純以與世界經濟的接軌程度，或者政治民主化的程度，來論斷這些國家發展的表現好壞；每個國家都有自己特殊的議題框架，「進步」與「開放」在特定的社會、特定的時間點上常常是互相矛盾的一組形容詞。更重要的是，一切的一切，其實幾乎都在二戰結束到東協元年的二十年之間已經埋下了種子。

從關鍵字看亞細安

這本書的第二部分，則收錄了五篇風格各自不同的報導性作品。每一篇都設定有一個我們認為與臺灣有對照價值的關鍵字主題。

賴奕諭在菲律賓的偏鄉反思「原住民族」的概念。擁有上千種方言的群島國家菲律賓，對「原住民族」的認定方式因循著殖民者古老的分而治之手法，以一個族群有否接受天主教信仰（做為是否「順服政權」的指標）為主要判定標準，族群的區別是在歷史過程中逐漸生成，跟臺灣以「血緣」和「文化」認定的習慣不同。但即便如此，菲律賓的原住民族也並非與世隔絕，全然只因為抵禦殖民者的統治而保留並堅持自身的傳統文化。賴奕諭以呂宋島半部山區的薩加達（Sagada）人為例，精采地分析了他們對儀式細節的傳承與實踐，其實是不斷在與外界（包括國家、現代文明和其他少數民族或團體）互動的過程中形塑出來的需求；他們對外來影響的拒斥也無法單純以「對抗」的浪漫想像化約地理解，跟現實生活中的對外關係與利益盤算都有關係。

郭育安在馬來西亞的檳城探討「文化遺產」的涵意。保存歷史建築物，使一個建築空間變成一件文化遺產，必然有某些價值會被突出強調，進而決定了人們想像空間的方式。郭育安在入選聯合國世界遺產（World Heritage）的老市區喬治市（George Town）裡追蹤被立法禁止的養燕活動。喬治市保有大量舊式街屋與長期的市區凋零有關；為供應燕窩產業而生的養燕活動，也因此才出現在閒置的老房子裡。從爭取到維護世界遺產的過程中，古蹟團體和地方政府不斷放大經聯合國認可的普世價值，並透過振興傳統技藝，強化居民對世遺的光榮感與對地方的認同感，但自成一套技術的養燕卻因衛生安全、環境噪音和破壞建築的考量，不被認為活化了古蹟，無法融入世遺論述，終致全面被禁。什麼是有價值的特色或傳統？這個問題並沒有先驗的一致標準，而是在爭論中逐漸劃出了界線，最終才形成人們所接受的模樣。

在這兩篇作品之中，我們嘗試拋出的問題是對何謂「地方傳統」的詰問。從薩加達和喬治市的經驗，我們都看到傳統並非靜止不變，只是在生活中隨時等待被發現、取用甚至刻意展演的固定東西。傳統的內涵，以及它之於一個群體或地方的意義，在不同情境下可能會產生變化，什麼部分應該要被保留？什麼部分可以權變？甚至捨棄？怎麼詮釋一項文化活動、一種文化概念維持或中斷的意義？往往都是在社會互動之中才能決定。

萬宗綸在新加坡觀察到「填海發展」背後的思維與對鄰邦造成的衝擊。新加坡雖然是一個繁榮的城邦國家，但自獨立以來政府一直視「國土狹小」為競爭與發展的極大劣勢，因此通過有計畫地填海造陸已經讓國家擴張了超過二十%的土地。不斷填海與其出色的經濟發展一樣，成為國家必須汲汲經營維持的「成功」神話。然而，新加坡追求這個另類的「大國夢」無法自力完成，反而需要不斷攫取其他國家的資源。它憑藉著經濟上的優勢，吸引周邊國家前仆後繼地成為其砂土和勞動力的輸出國，卻對這些國家因此產生的環境生態爭議或社會經濟問題無所聞問。

林佳禾和游婉琪在馬來西亞的關丹則發現「中國因素」有多種不同的作用力。身為一個經濟發展遲滯的地方，關丹十多年來先後因為稀土提煉、鋁土礦開採到外國直接投資，而連環引爆環境公害與地方發展的爭議，往源頭一追溯，每件事都跟中國有關係。然而，關丹真正身處的浪潮其實是馬來西亞政治民主化運動波濤洶湧一段劇烈的變動期，它在不斷高低擺盪的狀態下，真正不斷角力的課題是地方人士對落後發展的糾結心理，以及地方政治難以動搖的僵化格局。中國在每件事裡的角色都不太相同；投身在爭議之中的關丹人，也並不單純地只把中國當成威脅或盟友，而是隨著不同的情境調整看待中國的態度。

最後，胡慕情和林佳禾在越南的北中部則見證了全球化時代的「邊陲發展」有素樸的正義感恐怕難以拆解的複雜利害關係。二〇一六年，臺灣的台塑集團在河靜（Hà Tĩnh）省投資的大煉鋼廠，疑似因排放廢水造成鄰近省份超過兩百公里沿岸水域污染，導致大量魚群暴斃的意外，成為越南史上抗議規模最大、賠償金額最高的環保公害事件，至今責任釐清和損害賠償的爭議仍未完全消散。然而，本地的漁業究竟受到什麼樣的衝擊？工廠周邊的聚落正在經歷什麼樣的轉變？直接走進現場了解，卻發現問題恐怕另有隱情。無法在越南的政治環境下推展的維權運動，必須看得見越南本地漁業資源管理和偏鄉發展的困境，找出在跨國司法訴訟之外介入在地的方法，才有機會從根源改變地方社會的問題。

透過這三篇作品，我們則對「跨國治理」提出了多重視角的反省。世界的政治經濟有其體系，隨著跨境的人流、金流與物流都愈來愈繁複，資本尋租的穿透力已經使得乍看起來再如何邊陲的地方，都難以讓人想像遺世獨立。然而，儘管不同資本的力量大小可以極度懸殊，但一旦在地理空間中延展開來，在另一地的主權面前仍必然有其脆弱，這使得每一個地方的治理機制，仍有充份的力量可以發揮有效的槓桿與制衡作用。倡議和行動的人不難找到介入的縫隙，但無論哪一種尺度的治理，最終仍然得要追求每一個地方都能找到協調的發展之道。於是乎，在愈是全球化的年代，愈能貼近在地的角度去發現問題，反而變得益發重要了。

寥寥的五篇作品，當然無法窮盡亞細安的複雜度與多元性。奕諭是人類學家、宗綸和育安是地理學家，三人都曾以研究者的身份在東南亞蹲點生活，選題和寫作中不時透露著學科的關懷，以及源自於在地經驗累積出來的飽滿感。佳禾、婉琪和慕情則是媒體工作者，完成報導的方式是透過多次短期採訪行程的堆疊，處於語言不完全暢通的異文化環境中如何深度挖掘議題、架構觀點和鋪陳敘事，其實是專業經歷中極特別的考驗。正因為這樣的差異，這五篇作品的規格稱不上對稱，但話說回來，這也正是製作《走入亞細安》這本書想要達到的效果之一。

臺灣的網路與媒體傳播環境正在改變，而新南向政策對於從關於東南亞的學術知識到普及寫作之間的橋接，也的確起到了紮實的作用。近幾年來，有志對各種知識性、議題性東南亞內容長期進行寫作耕耘的個人，持續勤於討論、製作內容的團隊，乃至於可以容納這些內容的優質公共書寫平台，都比過去增加了許多。《走入亞細安》所呈現的只不過是臺灣一年造訪東南亞那「目的不明」的兩百萬人次裡，極微小的一只切片而已。臺灣人在亞細安，肯定還有更豐富深入的互動經驗正等待被發掘。

圖解

亞細安的歷史

Part 01

亞細安（ASEAN）又稱「東協」，為「東南亞國家協會」的簡稱。

其成立的背景，反映了二戰後東南亞國家脫離殖民、走向獨立的動盪與變化，

以及區域內各成員國從相互角力到攜手合作的過程。

本章以清晰圖表，帶你回到一九六七，好好認識東南亞的戰後二十年。

ASEAN 50th

東協是怎麼樣煉成的？

東南亞國家協會（Association of South-East Asian Nations)

- 簡稱為東協或東盟
- 英文縮寫為ASEAN
- 創建於一九六七年八月八日

現今東南亞的十一個國家（包括二〇〇二年正式獨立的東帝汶），在近現代歷史上只有泰國沒有成為西方列強殖民地的經驗，其他國家都在一九四五年八月第二次世界大戰結束後，才先後走向獨立建國的道路。

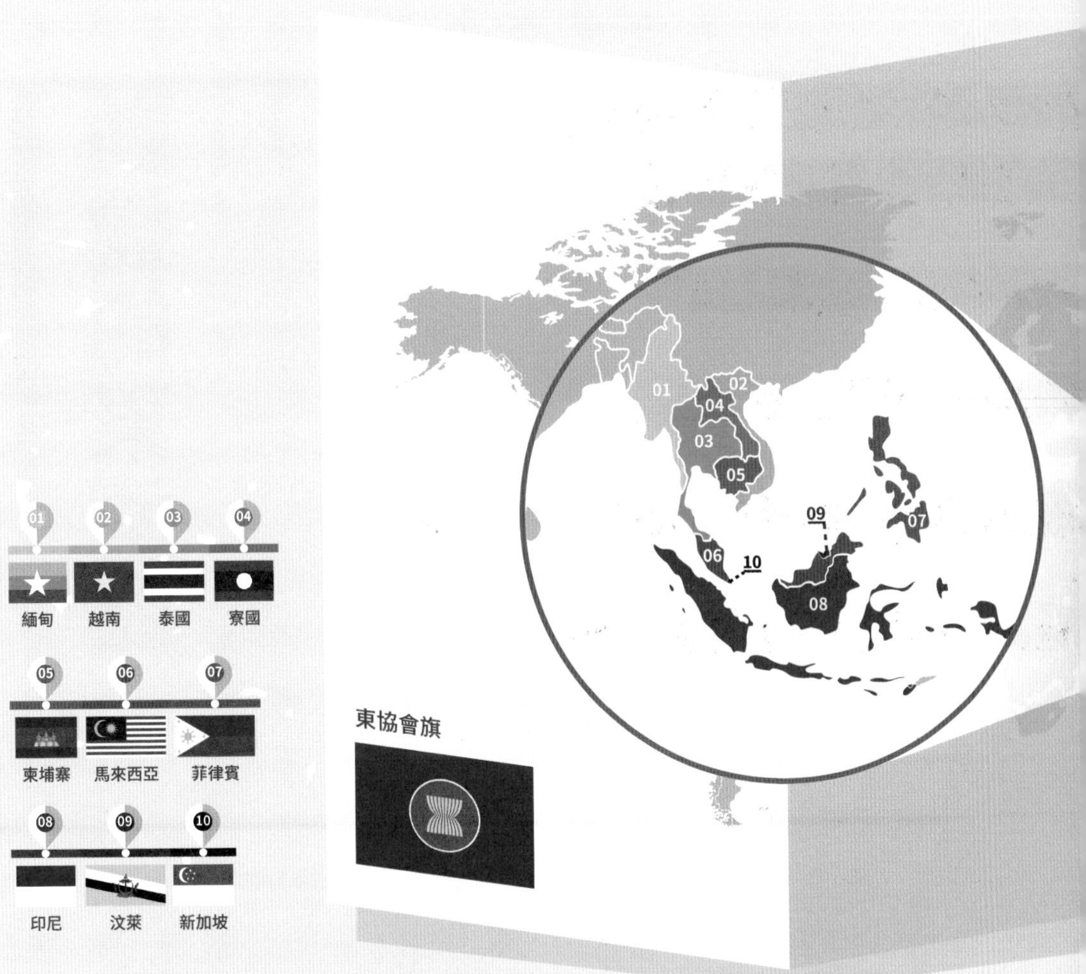

二戰對東南亞的政治發展有關鍵的影響力，因為整個地區在一九四一至一九四五年間隨著太平洋戰爭的演進，都曾經成為日本帝國的控制範圍，當時日軍擊退了各地原本的殖民政權，與爭取獨立的民族運動力量甚至可以形成合作關係，直到日本戰敗離開，仍然對各國政治勢力如何與預備重返的西方殖民者對抗留下了餘波。

因此，一九四五年以後東南亞還持續了好一陣子的動盪，部分局勢的變化也形成了一九六七年東協之所以成立的重要原因。接下來，我們用一系列的圖文來解說這一段歷史。

一九四五年－一九六七年 動盪的東南亞

從二次大戰結束到東協成立的二十年間，如今我們所熟悉的東南亞國家多半都還處在爭取獨立或內外動盪的狀態。其中，馬來群島諸國加上沒有被殖民過的泰國，到了一九六〇年代中期後情況相對穩定。

二戰前原本就是獨立王國的泰國，一直維持君主立憲的政體，一九四九年將國名從「暹羅」（Siam）改成了「泰」（Thai）。

二戰前已有名義上自治權的菲律賓，戰後一年則在美國同意下建立了第三共和，正式獨立。

族群組成複雜的群島國家印尼，終戰後兩天就率先宣布獨立，但後來和意圖重返的荷蘭持續數年的軍事衝突，直到一九四九年底才大局抵定。

在泰國、菲律賓與印尼之間的土地則是原本英國的勢力範圍，地理上包括馬來半島和

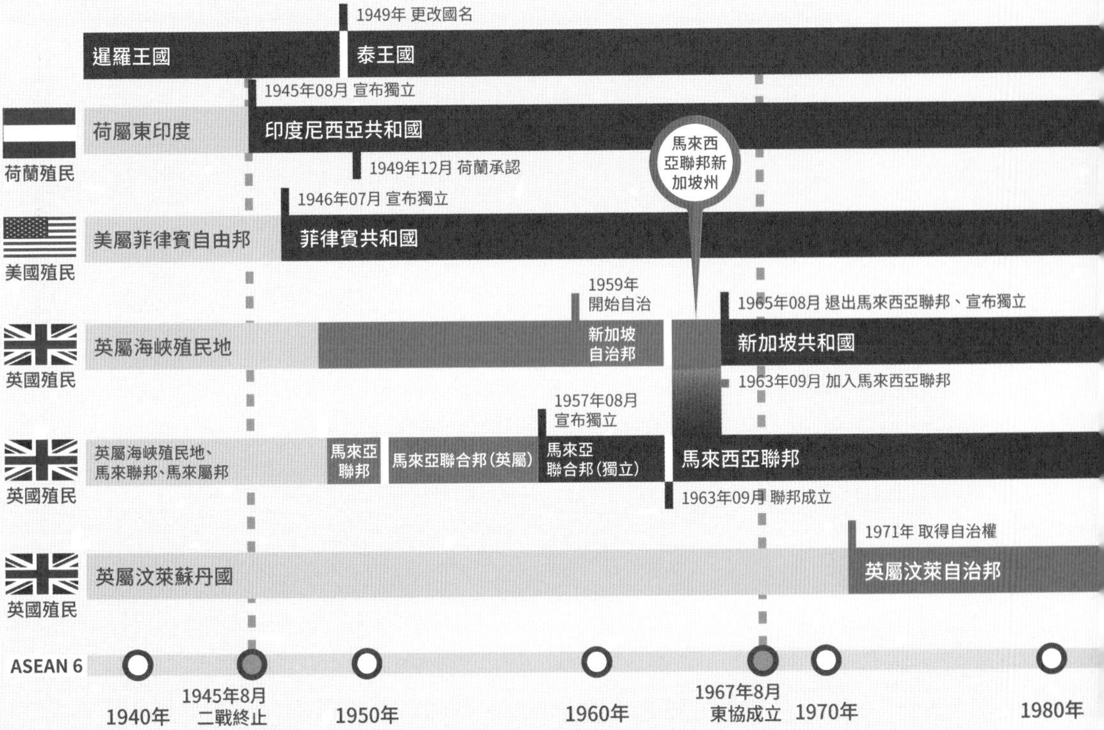

婆羅洲（印尼稱加里曼丹）北部，政治上則有多種不同的行政地位。

二戰結束後，這些原本並不完全互相隸屬的土地，開始為了該怎麼形成新的國家而陷入紛爭，其中除了內部問題，也包括英國殖民者希望繼續維持控制力的政治算計，還有剛獨立的鄰國對這個地區的主權立場與利益衝突，情勢因此複雜而微妙。

這些紛爭在進入一九六〇年代以後加速白熱化，最終在馬來西亞這個新國家的誕生過程中，留下了一些區域武裝衝突、外交合縱連橫的歷史，也間接造成了新加坡以及後來的汶萊，各自形成了一個國家。

一九六七年東協成立，在一定程度上，可以視為這幾個國家達成穩定區域局勢的和解共識所形成的成果。

直到今天，泰國、菲律賓、印尼、馬來西亞與新加坡等創始成員國，再加上以及一九八四年獨立後隨即加入的汶萊，仍然經常性地被歸類為「東協老成員」。

Cold War

冷戰時期

資本主義與社會主義兩方陣營的國際爭霸戰，西方主流國家試圖將反共意識輸入（前）殖民地，以圍堵共產勢力擴張。

一九四五年以後東南亞的整體狀況，一定程度上就像是世界歷史發展的縮影。大部分地區在擺脫帝國主義殖民地身份、試圖建立自主政治實體的過程中，或多或少都受到資本主義與社會／共產主義對抗的冷戰格局影響。

東協，可以說是冷戰在東南亞國際政治留下的制度遺產，但冷戰對東南亞的影響是更全面的，不只反映在國家發展的路徑、外顯的國際對抗或軍事衝突上，也反映在意識形態的層面，深入各國當代社會、文化的每一個細微之處。

資本主義（以美國為首）
冷戰
社會主

Indochina

印度支那

東南亞的冷戰火藥庫

二戰後東南亞許多地區都有武裝化的共產主義活動，但印度支那是最主要的衝突前線。

- **胡志明領導的越盟在北越建立政權並成功抵抗法國。**
- **一九五四年九月的日內瓦會議，促成法國撤出印度支那，柬埔寨、寮國獨立。**
- **南越與北越形成對峙，導致接下來超過二十年的內戰。**

介紹東協誕生的史前史，要從不是創始成員國的地區開始講起。

一九四五年九月，越南獨立同盟會（越盟）於二戰結束後不到一個月就在河內宣布獨立建國，但隨後因法國意圖重回印度支那，導致法越戰爭開打，戰事持續了將近十年，直到一九五四年五月法軍在奠邊府戰役失利後進入國際協商的和談狀態。

一九五四年七月，國際間透過日內瓦會議決議法國必須全撤出印度支那，越南、柬埔寨、寮國的獨立地位都獲得承認，而越南的南北分立狀態則應該透過選舉來完成統一。

然而，一九四九年中共建立政權後國際政治的冷戰格局加溫，曾經在一九四五年支持越盟建國的美國，此時決定介入南越政局與北越進行軍事對抗，日內瓦協定形同失效，接下來延宕超過二十年的越戰，也造成東南亞地區的持續緊張與動盪。

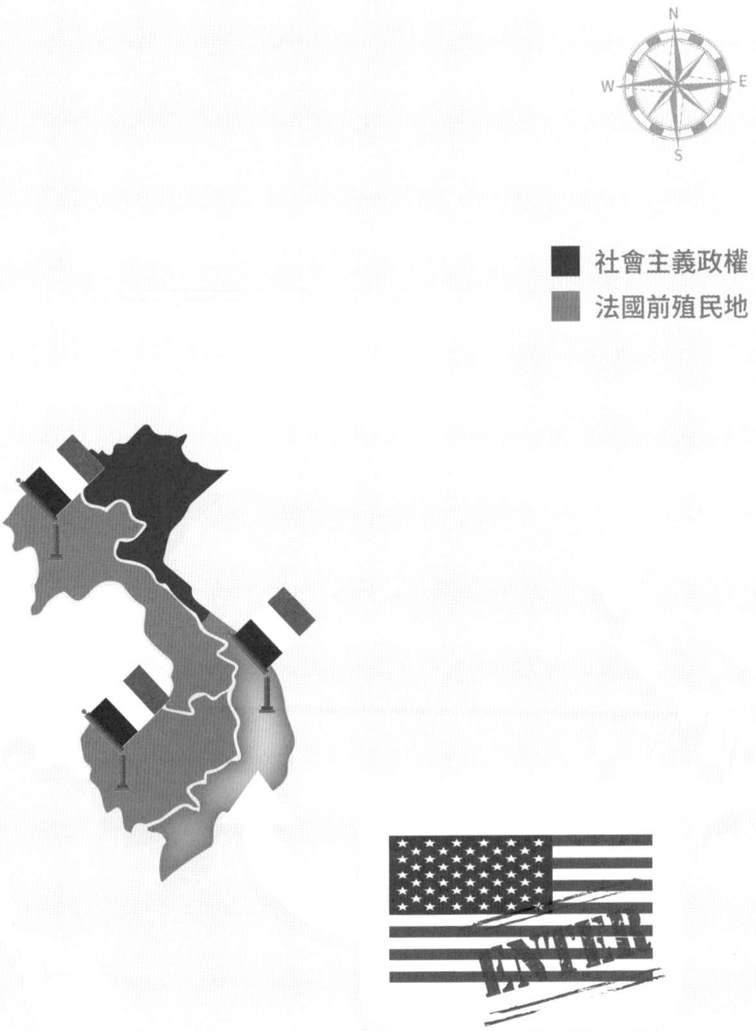
N
W
E
S
社會主義政權
法國前殖民地

一九五〇年代冷戰下的東南亞

國際結盟局勢

冷戰初期，在局部的軍事衝突之外，整個世界產生了許多國際之間的外交角力與策略聯盟，跟東南亞最有關係主要有東南亞公約組織和萬隆會議二者。

把視野放大一些來看，介入南北越問題只是美國在冷戰中圍堵共產政權擴張的一部分行動。就在反悔拒絕日內瓦協定後不久，美國隨即在一九五四年九月主導成立了「東南亞公約組織」（Southeast Asia Treaty Organization, SEATO）來牽制亞洲的共產勢力發展。

另一方面，世界上仍有許多國家（尤其是新近獨立的國家）並不想在美、蘇為首對抗的冷戰中直接選邊站，因此國際間也形成了另一種對於結盟、互助的討論，一九五五年四月於印尼萬隆召開的第一次亞非會議（萬隆會議）即是一個代表性的例子。

東南亞公約
萬隆會議
同時參加東南亞公約和萬隆會議

東南亞公約組織

1954年-1977年

英國	美國	菲律賓
法國	紐西蘭	泰國
澳洲	巴基斯坦	

萬隆會議

1955年

菲律賓	錫蘭	中華人民共和國
泰國	印度	阿比西尼亞帝國
埃及	印尼	柬埔寨王國
阿富汗王國	越南民主共和國	伊拉克
利比亞王國	越南共和國	土耳其
尼泊爾王國	巴基斯坦	賴比瑞亞
英屬黃金海岸	伊朗	緬甸
沙烏地阿拉伯	日本	蘇丹
賽普勒斯	約旦	葉門
寮王國	敘利亞	黎巴嫩

兩種不同的國際結盟思維，在東南亞交會，可以清楚看出這個區域在當時世界局勢下的戰略位置十分敏感。

一九五四年九月

東南亞公約組織

South-East Asia Treaty Organization (SEATO)

由美國主導，為了牽制亞洲共產勢力向南擴張的國際集體防衛組織。

- 表面上，東南亞國家只有親美的菲律賓和泰國加入。
- 實際上，馬來亞和婆羅洲北部仍是英國殖民勢力範圍，南越則有美國在背後支持。
- 剛獨立的寮國、柬埔寨是中立國，處於受到影響的被動位置。
- 東南亞只剩下印尼和緬甸明確反對 SEATO。

從一九五四到一九七七年存續了超過二十年的東南亞公約組織（SEATO），因為美國最終單獨介入越戰而且挫敗，通常被認為不是一個成功的國際防衛組織。

此外，它表面上看起來名實不符，不但只有八個成員國，其中更只有兩個東南亞國家：菲律賓和泰國。

但實際上，若進一步了解一九五〇年代東南亞各地的狀況，很容易就能明白 SEATO 圍堵共產勢力的戰略布局效果仍然存在。

菲律賓和泰國當時都高度親美，南越礙於中立國的國際共識不能直接加入，但美國的影響力昭然若揭，再加上南邊的馬來亞、婆羅洲北部都尚未獨立，仍是英國的殖民勢力範圍。整體而言，SEATO 已對中國與北越形成了圍堵之勢。

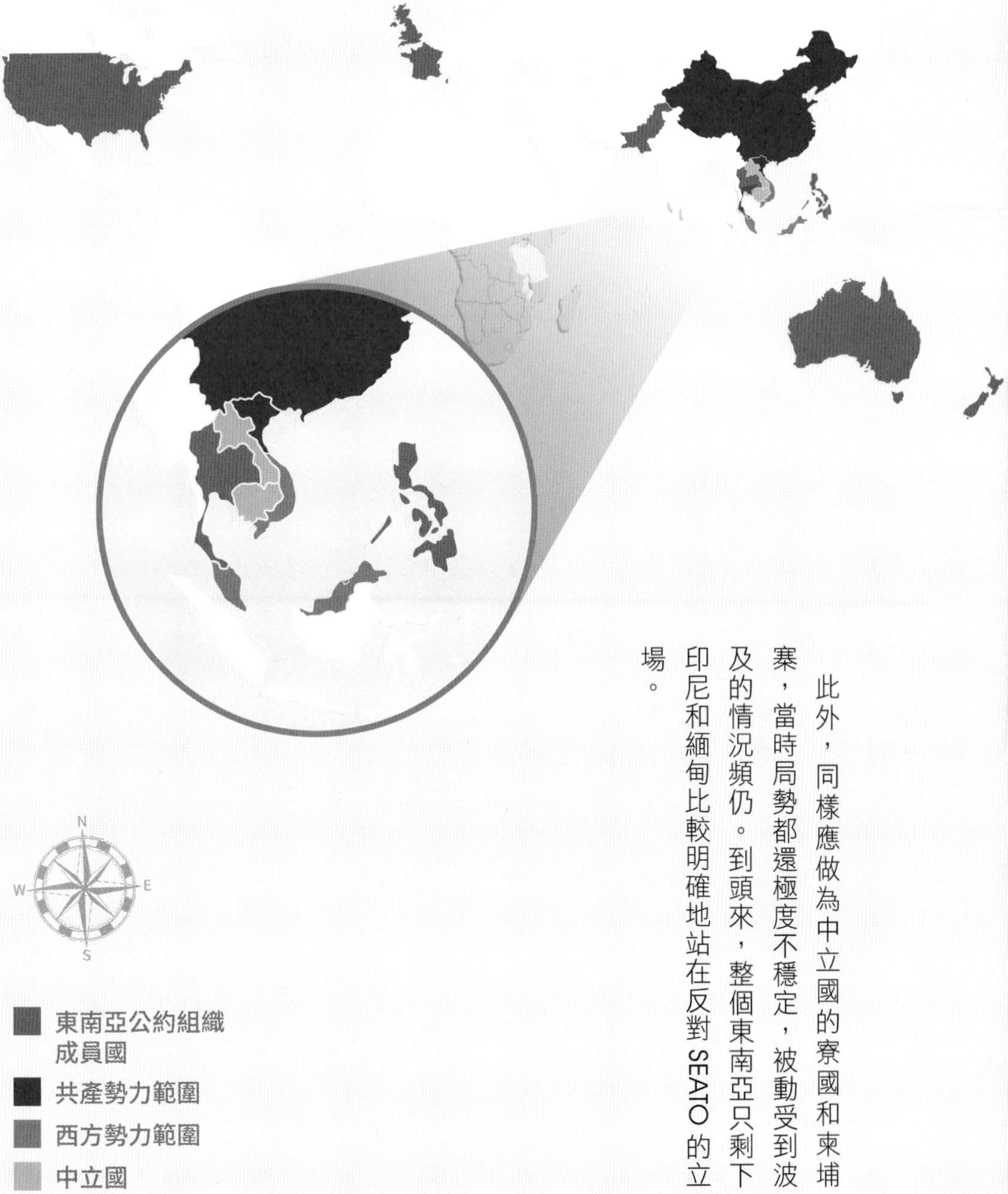

此外，同樣應做為中立國的寮國和柬埔寨，當時局勢都還極度不穩定，被動受到波及的情況頻仍。到頭來，整個東南亞只剩下印尼和緬甸比較明確地站在反對 SEATO 的立場。

一九五五年四月

萬隆會議

Asia-African Conference

亞非國家首次在沒有殖民者參與的情況下舉行大型國際會議。

萬隆精神：求同存異、反殖民、反帝國主義、爭取民族獨立。

主張不捲入冷戰鬥爭並減少對西方、蘇聯的經濟依賴。

印度總理尼赫魯、中國總理周恩來與主辦國印尼總統蘇卡諾最為活躍。

因各國處境、立場與利益差異過大，只舉辦一次並無後續，但影響了後來的不結盟運動。

日內瓦會議決議被毀棄、東南亞公約組織成立背後的國際局勢，是美蘇之間的科技與軍備競賽正逐漸加溫。在此情況下，許多國家開始尋求自保的另類出路。

一九五五年四月在印尼萬隆（Bandung）召開的亞非會議，是亞洲與非洲新興國家首次在沒有前殖民國的參與下自行舉行國際會議。會議中幾位比較活躍的人物，包括最早提出泛亞洲合作想法的印度總理尼赫魯（Pandit Jawaharlal Nehru）、代表中國第一次參與正式國際會議的中國總理周恩來，以及東道主印尼的總統蘇卡諾（Sukarno）等人。

這場會議將「不偏不倚」、「求同存異」、「反殖民」、「反帝國主義」等高昂的口號喊得很響亮，但實際上參與國家差異頗大，彼此之間不乏立場甚至利益上的衝突，因此最終並未形成具體的結盟行動，亦無後續會議。不過它做為亞非團結的代表性歷史事件，仍然被認為是一九六〇年代以後不結盟運動（Non-Aligned Movement）成形的重要基礎。

至於對東南亞地區來說，這場會議的最大影響，或許是讓印尼總統蘇卡諾取得了一定程度的國際聲望。蘇卡諾一直以來認為馬來群島應該組成單一馬來民族國家的「大印度尼西」主義，在一九六〇年代變成影響區域局勢的重要因子。

印尼總統蘇卡諾

中國總理周恩來

印度總理尼赫魯

一九六一年七月

東南亞協會

Association of Southeast Asia (ASA)

由泰國、菲律賓以及馬來亞三國組成，通常被視為東協的前身。大馬來西亞計畫成形後，因馬、菲對沙巴主權問題的衝突而停頓。

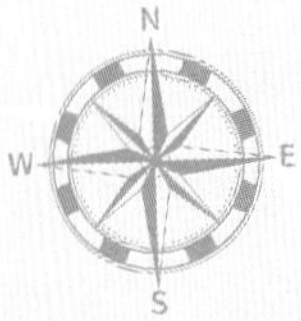

菲律賓
馬來亞
泰國

時序進入一九六〇年代，除了中南半島的上戰事愈演愈烈，南洋／馬來群島也在冷戰格局的影響下出現在重要的政治變化。

在此之前，與東南亞有關的國際或區域組織，都是受更大範圍的國際政治影響而形成。直到了一九六一年七月，泰國、菲律賓和一九五七年獲得獨立的馬來亞聯合邦（Federation of Malaya）發起的東南亞協會（Association of Southeast Asia, ASA）是史上第一個完全由區域內國家組成的東南亞區域組織。

這個組織的壽命並不長，到了一九六三年就因為馬來西亞建國計畫在北婆羅洲／沙巴（Sabah）與菲律賓形成主權衝突而停止運作。不過，一般仍將其視為東協的前身。

1961
1963
1965
1965
08月
5月
7月
7月
9月
8月
9月
12月
8月
1957
1961
1963
1965
1966

馬來亞 ≠ 馬來西亞

Malaya ≠ Malaysia

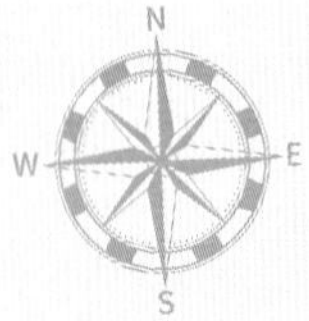

- 新加坡
- 汶萊
- 沙巴
- 砂勞越
- 馬來亞

一九五七年八月三十一日，馬來亞聯合邦成為大英國協下一個新的獨立國家，領土僅限馬來半島，不包括新加坡、汶萊、砂勞越和沙巴。

一九五七年八月，馬來半島（也就是今日所謂的「西馬」）上的九個馬來州屬和兩個海峽殖民地，正式從英國殖民政府手上取得獨立的地位。

這個國家既不包括緊鄰著馬來半島尾端的另一個海峽殖民地新加坡，也不包括一海之隔在婆羅洲北部仍由英國控制的砂勞越（Sarawak）、汶萊（Brunei）、北婆羅洲／沙巴等地。

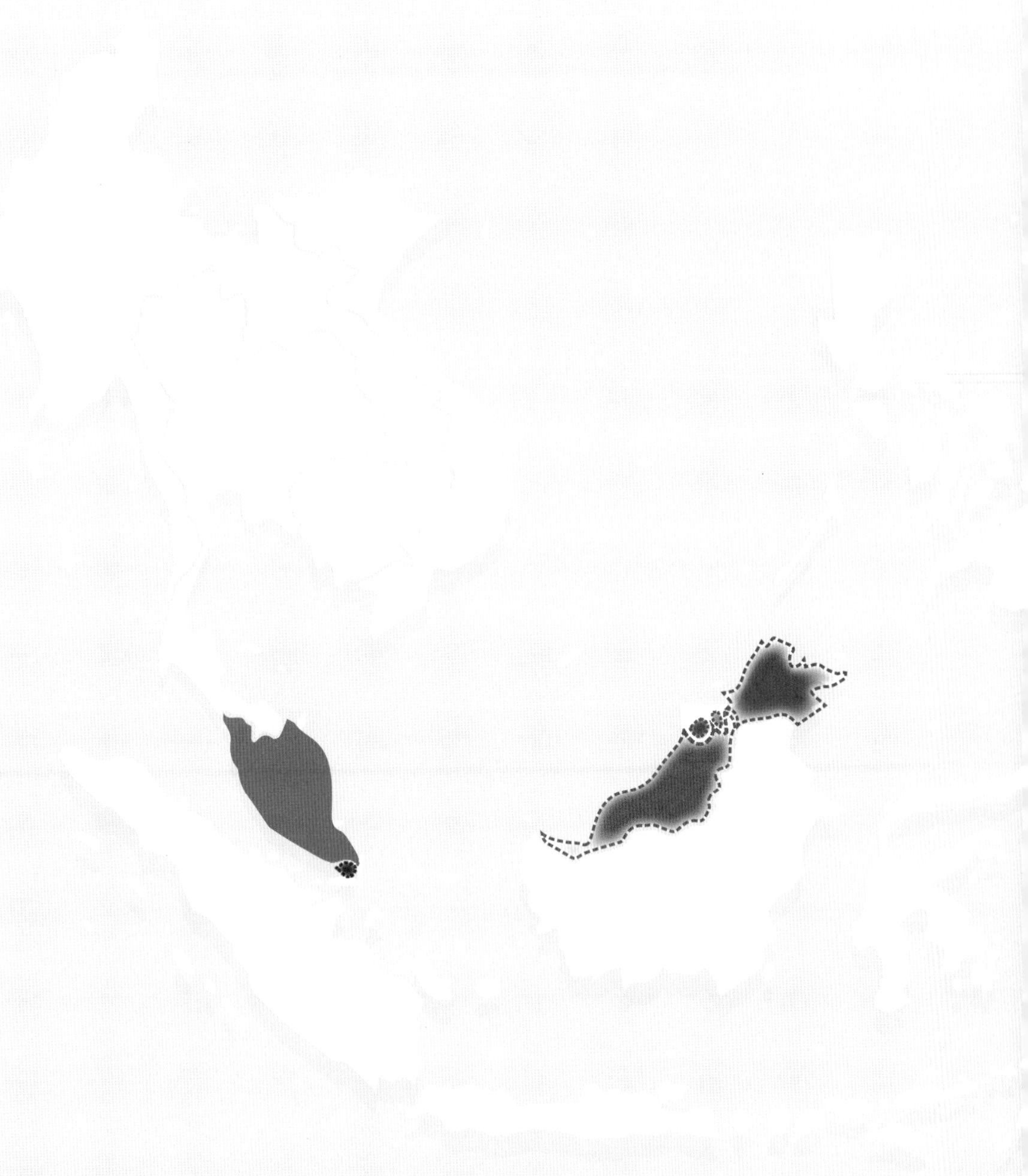

1957 08月
1961 5月
1961 7月
1963 7月
1963 9月
1965 8月
1965 9月
1965 12月
1966 8月

一九六一年五月

大馬來西亞計畫

Greater Malaysia

馬來亞首相東姑·阿都拉曼配合英國所提出的政治計畫，希望推動馬來亞、新加坡、砂勞越、沙巴和汶萊等（前）英殖民地共同組成一個新的國家。

一九六一年五月，已經先一步獨立的馬來亞開始與新加坡、砂勞越、沙巴、汶萊討論共組一個「大馬來西亞」（Greater Malaysia）的新國家計畫。

當時馬來亞的開國首相東姑·阿都拉曼（Tunku Abdul Rahman）是這項計畫檯面上的重要推手，但背後其實有英國基於自身利益考量的運籌。

- 新加坡
- 汶萊
- 沙巴
- 砂勞越
- 馬來亞

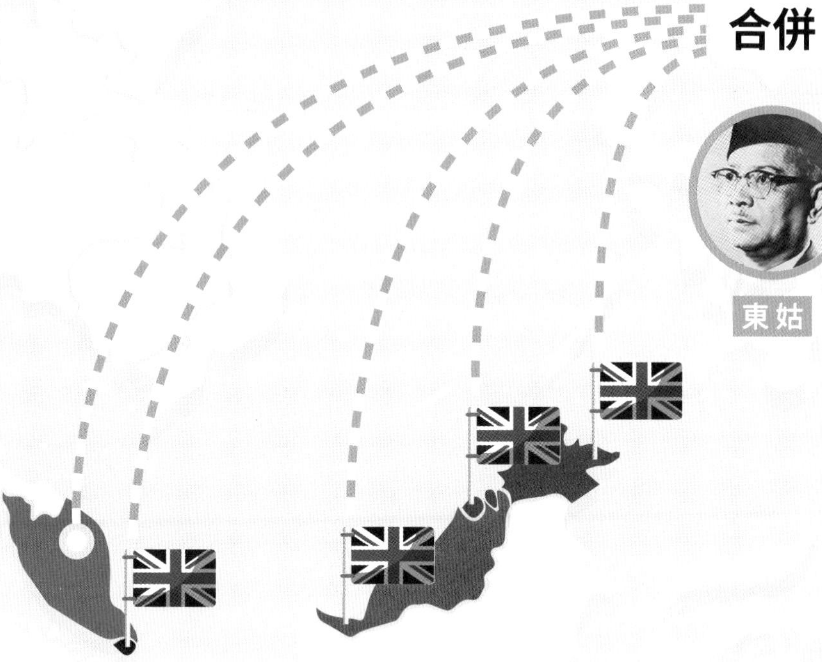
合併
東姑

1961
1963
1965
1965
08月
5月
7月
7月
9月
8月
9月
12月
8月
1957
1961
1963
1965
1966

菲律賓和印尼：

不！我們反對！

Greater Malaysia

大馬來西亞計畫一成形，首先跳出來反對最烈的是菲律賓和印尼兩個鄰國。

菲律賓認為，北婆羅洲（沙巴）雖然是英國殖民地，但最初卻是英國東印度公司在十八世紀從現屬菲律賓南部的蘇祿（Sulu）蘇丹國手上租借出去的，因此當時的菲律賓總統馬嘉柏嘉（Diosdado Macapagal）主張北婆羅洲如果脱離英國殖民，就應該回歸成為菲律賓領土的一部分。

印尼的反應則更為激烈。印尼總統蘇卡諾一直以來都提倡二十世紀初萌芽的「大馬來亞」

菲律賓總統馬嘉柏嘉

沙巴是菲律賓南部的蘇祿蘇丹國先前租借給英國的土地，主權應該屬於我們的。

印尼總統蘇卡諾

馬來西亞計畫是英國殖民者要分化馬來民族、建立傀儡政權的手段。

（Melayu Raya）民族主義理念，進一步主張「大印度尼西亞」（Indonesia Raya），也就是馬來群島範圍內的泛馬來族群應該統合在單一國家之下。

這一方面展現了印尼企圖成為區域內具主導權的國家，一方面也展現了印尼對於加里曼丹（婆羅洲）北部被英國分割有國防與經濟上的焦慮。於是，蘇卡諾非常反對大馬來西亞計畫，直指馬來西亞是英國為了分化馬來民族、鞏固自身利益而推動的傀儡政權，是新殖民主義的產物。

此外，隨著英國積極運作的大馬來西亞計畫談判持續進展，婆羅洲局勢也變得愈來愈緊張。

一九六三年七月

馬菲印組織

Ma-phil-indo

菲律賓邀請馬來亞、印尼兩國會商「馬來民族」結盟，一般認為是菲、印為了拖延大馬來西亞計畫的策略，但後來馬來西亞仍成立，造成印、馬對抗衝突升溫，結盟亦胎死腹中。

由於婆羅洲北部的經濟發展較馬來半島落後，擔心加入新國家後降格成為一州會更為不利，砂勞越和汶萊境內都有左派政黨發出反對的聲音。

一九六二年十二月汶萊人民黨（Parti Rakyat Brunei, PRB）甚至在印尼的支持下發動了叛變，雖然失敗，但此舉也促成印尼政府在一九六三年一月正式宣布與大馬來西亞計畫各邦展開「對抗」（Konfrontasi）。接下來的幾個月，從經濟上的抵制到軍事上的衝突，印、馬對抗為區域帶來了動盪。

一九六三年七月九日，馬來亞、新加坡、砂勞越、北婆羅洲與英國五方正式簽署馬來西亞協議（Malaysia Agreement），同時馬嘉柏嘉也做出了最後一搏，主動邀集馬來亞、印尼結局舉行會談，希望促成馬、菲、印三國基於「馬來民族」情義而結盟，放棄大馬來西亞計畫。

不過，這個「馬菲印組織」（Maphilindo）整合泛馬來民族的夢想，很快就被政治現實給擊破了。雖然菲律賓和印尼的反對成立引起了聯合國同意派團調查，因此稍稍推遲了馬來西亞成立的日期，但一九六年九月十六日馬來西亞聯邦（Federation of Malaysia）這個「新」國家仍然正式宣布成立。蘇卡諾隨即決定拉高經濟制裁與軍事準備的強度以為反制，印、馬對抗再加溫，區域整合的可能性也就暫時消失了。

有趣的是，直到今天，馬菲印這個概念仍然常常會被一般人當做有趣的歷史軼聞提起，甚至有不少好事者逕自為未曾發生的馬菲印共和國設計了國旗。

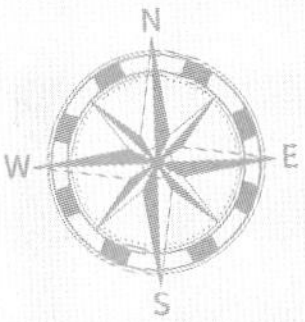

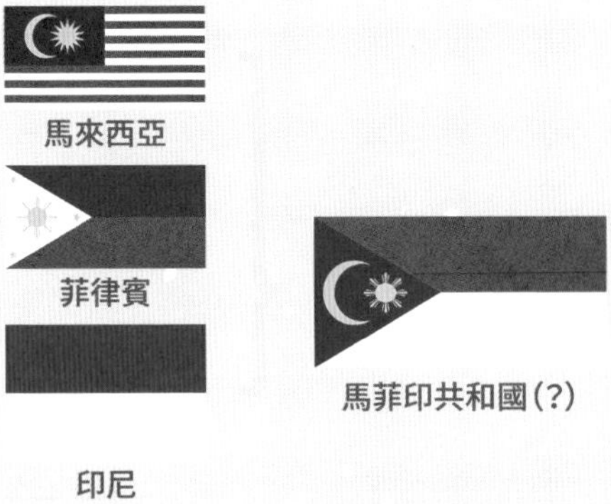

	1961		1963		1965		1965	
08月	5月	7月	7月	9月	8月	9月	12月	8月
1957		1961		1963		1965		1966

馬來西亞的最終格局

Federation of Malaysia

馬來西亞聯邦正式成立，汶萊因為石油開採權利擺不平和武裝暴亂而沒有加入。兩年之後，一九六五年八月，華人居多的新加坡又因為主張一個跨族群的馬來西亞國族，反對以馬來人為優先的國家體制，被迫退出聯邦，宣布獨立。

一九六三年九月十六日宣布成立的馬來西亞，並沒有包括原本婆羅洲北部三邦之一的汶萊蘇丹國。

汶萊之所以中途決定退出，一說是因為外海石油天然氣開採的權利無法談妥，另一說則是受到反對加入馬來西亞的境內武裝暴亂影響。無論如何，汶萊先繼續維持了英屬保護國的殖民地身分，一九七一年開始自治，到了一九八四年才正式成為獨立國家。

新成立的馬來西亞，內部也很快就再度發生變化。

在華人佔多數的新加坡，李光耀所領導的人民行動黨，經濟上與聯邦政府屢次發生政策衝突、政治上又讓執政聯盟無法取得優勢，當族群嫌隙逐漸擴大，又在一九六五年五月與其他政黨結盟，基於自身政黨的利益算計，要求建立「馬來西亞人的馬來西亞」，反對「馬來人優先」的治國方向。結果造成首相東姑在國會提出將新加坡逐出聯邦的動議，使得新加坡在一九六五年八月九日被迫宣布獨立。

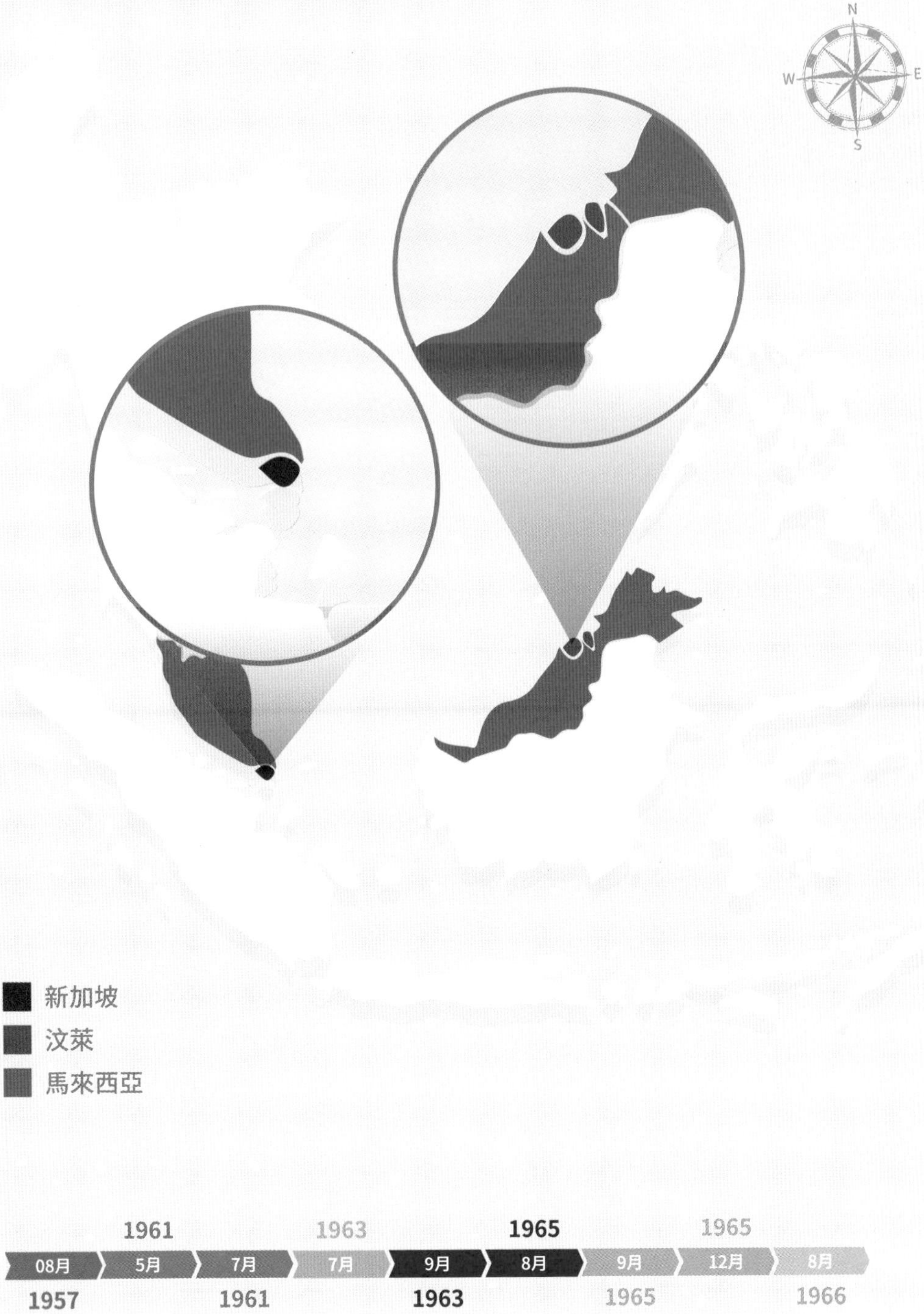
N
W
E
S
新加坡
汶萊
馬來西亞
1957 08月
1961 5月
1961 7月
1963 7月
1963 9月
1965 8月
1965 9月
1965 12月
1966 8月

東協誕生的最後一哩路

■一九六五年九月，印尼發生九三〇事件，軍人蘇哈托在亂局中掌權，主張與馬來西亞對抗的蘇卡諾被迫淡出政治舞台。

■一九六五年十二月，菲律賓新總統馬可仕上台，逐漸擱置爭取沙巴主權的爭議。

■一九六六年八月，印、馬對抗正式結束，兩國和談時開始討論成立新的區域組織。

從馬來西亞成立到新加坡被迫獨立，短短兩年之間，區域內仍然因為印、馬對抗而呈現緊張詭譎的局勢。新生的小國如新加坡，當時還沒有如今這麼堅強的經濟實力，獨立之初最擔心的問題就是無法進行貿易，在經濟上被孤立而使得國家立即陷入困境。

沒想到，情況很快就急轉直下。

一九六五年九月三十日印尼爆發九三〇事件，軍方疑似在西方國家的授意下發動政變，動亂中由蘇哈托（Suharto）接管了政局，隨即以「反共」為名對印尼共產黨（Partai Komunis Indonesia, PKI）與泛左翼人士進行大清洗。政治立場相對親共、親社會主義的蘇卡諾被退退出政治舞台。

一九六五年十二月，菲律賓舉行總統選舉，馬可仕（Ferdinand Marcos）以「新社會運動」為號召，擊敗尋求連任的馬嘉柏嘉上台，就職後他對沙巴主權爭議的立場相對寬鬆，馬、菲之間的關係也相對緩和。

一九六六年八月，印、馬完成和談，宣布對抗正式結束。在中南半島上越南戰事愈演愈烈之際，南邊的群島各國開始重新思考建立區域組織的必要性。

N
W
E
S
印尼
菲律賓
馬來西亞
馬可仕
不再爭取
馬來西亞
和解
蘇哈托
取代
蘇卡諾

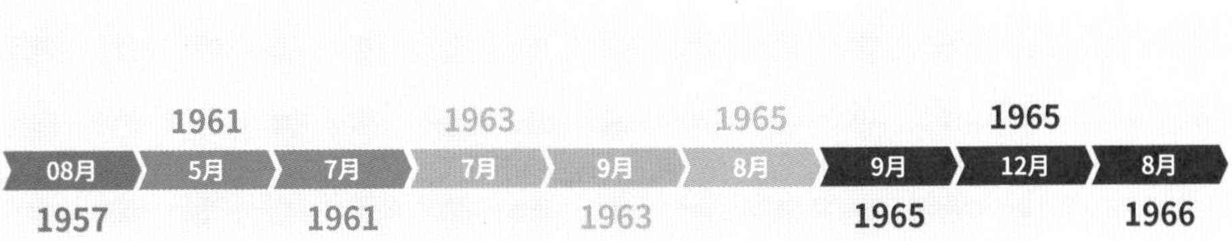
1961
1963
1965
1965
08月
5月
7月
7月
9月
8月
9月
12月
8月
1957
1961
1963
1965
1966

東協的誕生

亞細安宣言

ASEAN Declaration

經過近一年的磋商，一九六七年八月八日，印尼、新加坡、菲律賓、泰國的外交部長與馬來西亞副首相齊聚於泰國首都曼谷。他們代表五國政府簽署宣言，正式宣告東南亞國家協會成立。

經過將近一年的磋商，一九六七年八月八日，印尼、新加坡、菲律賓、泰國的外交部長與馬來西亞的副首相在泰國首都曼谷代表五國政府簽署宣言，正式宣告東南亞國家協會（Association of South-East Asian Nations, ASEAN）成立。

新加坡前外交官馬凱碩（Kishore Mahbubani）在二〇一七年出版的《東協奇蹟》（The ASEAN Miracle，台譯：解讀東協）一書中打趣地描述：簽署宣言的五位代表，泰國的塔納・科曼（Thanat Khoman）是佛教徒、菲律賓的納西索・羅慕斯（Narciso Ramos）是基督徒、印尼的亞當・馬立克（Adam Malik）和馬來西亞的敦拉薩（Tun Abdul Razak）是穆斯林、新加坡的拉惹勒南（S. Rajaratham）則是印度教徒，這充滿表現了東南亞社會文化之複雜，以及促成區域合作之難得。

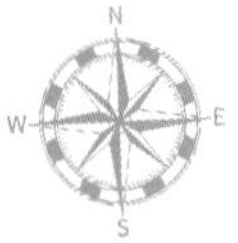

本宣言完成於泰國曼谷。

1967年8月8日，亞細安宣言簽約代表

印度尼西亞
ADAM MALIK

For the Republic of Indonesia :

ADAM MALIK
Presidium Minister for Political
Minister for Foreign Affairs

新加坡
S. RAJARATNAM

For the Republic of Singapore :

S. RAJARATNAM
Minister of Foreign Affairs

菲律賓
NARCISO RAMOS

For the Republic of the Philippines :

NARCISO RAMOS
Secretary of Foreign Affairs

泰國
THANAT KHOMAN

For the Kingdom of Thailand :

THANAT KHOMAN
Minister of Foreign Affairs

馬來西亞
TUN ABDUL RAZAK

For Malaysia :

TUN ABDUL RAZAK
Deputy Prime Minister,
Minister of Defence and
Minister of National Development

亞細安宣言

我們深刻意識東南亞各國存在共同利益也面臨相同問題，也同意有必要進一步強化既有的區域團結與合作關係。為促進以平等和夥伴關係為核心精神的東南亞區域合作，我們盼望建立一個共同行動的堅實基礎，並藉此為區域內的和平、進步與繁榮而做出貢獻。

在這個國與國之間愈來愈相互依賴的世界中，我們體認到達致和平、自由、社會正義與經濟福祉的最佳方法，即是在區域各國既有的歷史與文化連帶之上，繼續深化彼此之間深刻的認識、敦睦的關係與有意義的合作。

著眼於東南亞各國政府共同承擔著強化區域經濟社會穩定、確保國家和平進步發展的重責大任，東南亞各國政府也都有決心要保障社會的穩定與安全不受任何形式的外力干擾，並確保其國家認同與人民的理念與契盼維持一致，我們都同意區域內所有外國（軍事）基地都應為暫時性的設置，其作用僅限於與所在國家既有的協力關係，並且不應用於直接或間接地顛覆區域內各國的獨立與自由，或者對各國的國家發展進程帶來偏私的影響。

一・成立一個協調東南亞各國之間區域合作的協會，稱作「東南亞國家協會」
（Association of South-East Asian Nations, ASEAN）。

二・該國協的目標與意圖應為：

01
為了強化東南亞各國形成一繁榮與和平社會的基礎，本著平等與合作的精神，透過共同的努力以加速區域內的經濟成長、社會進步與文化發展。

02
更有效率的合作以提升農業與其他產業的運用，以及各國之間的貿易擴張，其作法包括研究國際貨物貿易的問題、改善貨物運輸與通訊設備並提升人民的生活水平。

03
持續地尊重區域內各國之間的正義與法治，並且遵循聯合國憲章的規範，以藉此促進區域和平與穩定。

04
與現存具備相似目標與意圖的國際性和區域性組織維持緊密且互惠的合作，並且持續探索各種途逕以促成更加緊密的合作關係。

05
教育、職業、技術與行政範疇內，以訓練和研究設備的形式為彼此提供協助。

06
推動東南亞區域的相關研究。

07
在經濟、社會、文化、技術、科學和行政領域涉及共同利益的事物上，促進積極的合作與互助。

三・為了達成上述目標與意圖，必須建立以下機構：

01 各國外交部長的年度會議，應由各國輪流主辦，並且稱作東協部長會議（ASEAN Ministerial Meeting, AMM）。必要的時候，可以召集各國外交部長召開特殊會議。

02 一個常務委員會，由輪值主席國的外交部長或其代表主持，並且由其他成員國授權之大使擔任委員會成員，以執行每次東協部長會議之間的協會事務。

03 針對特定主題，由專家與官方代表組成之各特設委員會與常任委員會。

04 每個成員國皆應成立一國家秘書處，負責以國家名義執行東協工作，並協助召開外交部長年度或特殊會議、常設委員會和未來可能成立的其他委員會。

四・本協會歡迎東南亞地區所有認同上述目標、原則與意圖的國家加入一同參與。

五・本協會代表了東南亞各國意圖在彼此之間建立友誼與合作羈絆的集體意志。本協會成員國將透過共同的努力與犧牲，為每一個國家的人民和後代子孫確保和平、自由與繁榮的恩典。

東協成員國演進圖

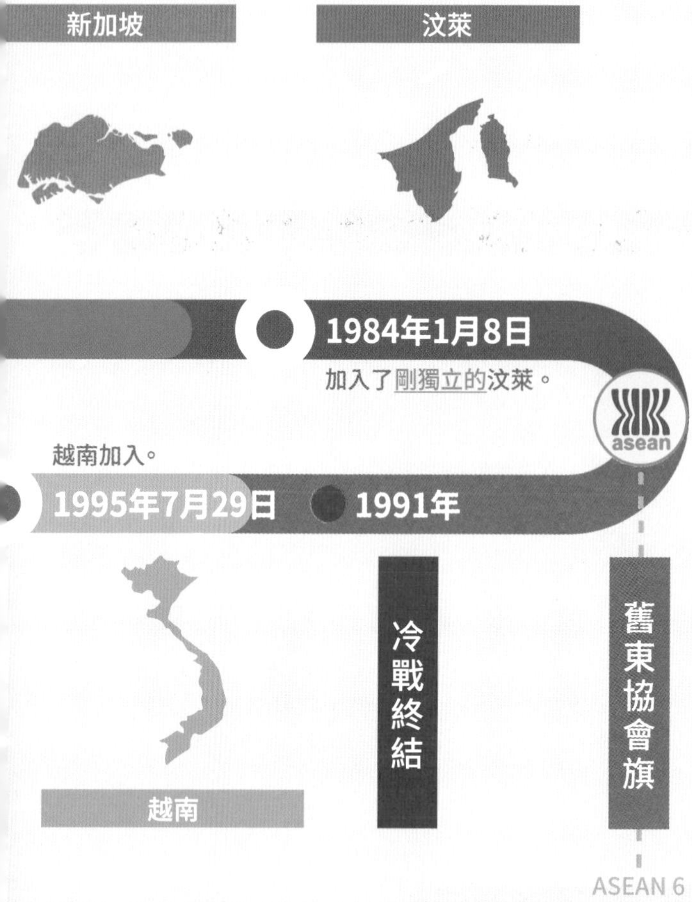

從一九六七年創始五國的規模，經過了近兩個十年，一九八四年終於獲得獨立的汶萊成為東協的第六個成員國。這六個國家在美蘇冷戰的對峙中選擇了「勝利」的一方，因此比較早接受資本主義的洗禮與世界經濟的連動影響，雖然實際發展的表現不一，腳步走得仍然算是比較快一些。

一九八九年柏林圍牆倒下後，冷戰步入尾聲，直到一九九一年蘇聯解體後正式宣告終結。世界的格局起了不小的變化，全球化成為新王道，而越南、寮國、緬甸和柬埔寨四國也在接下來十

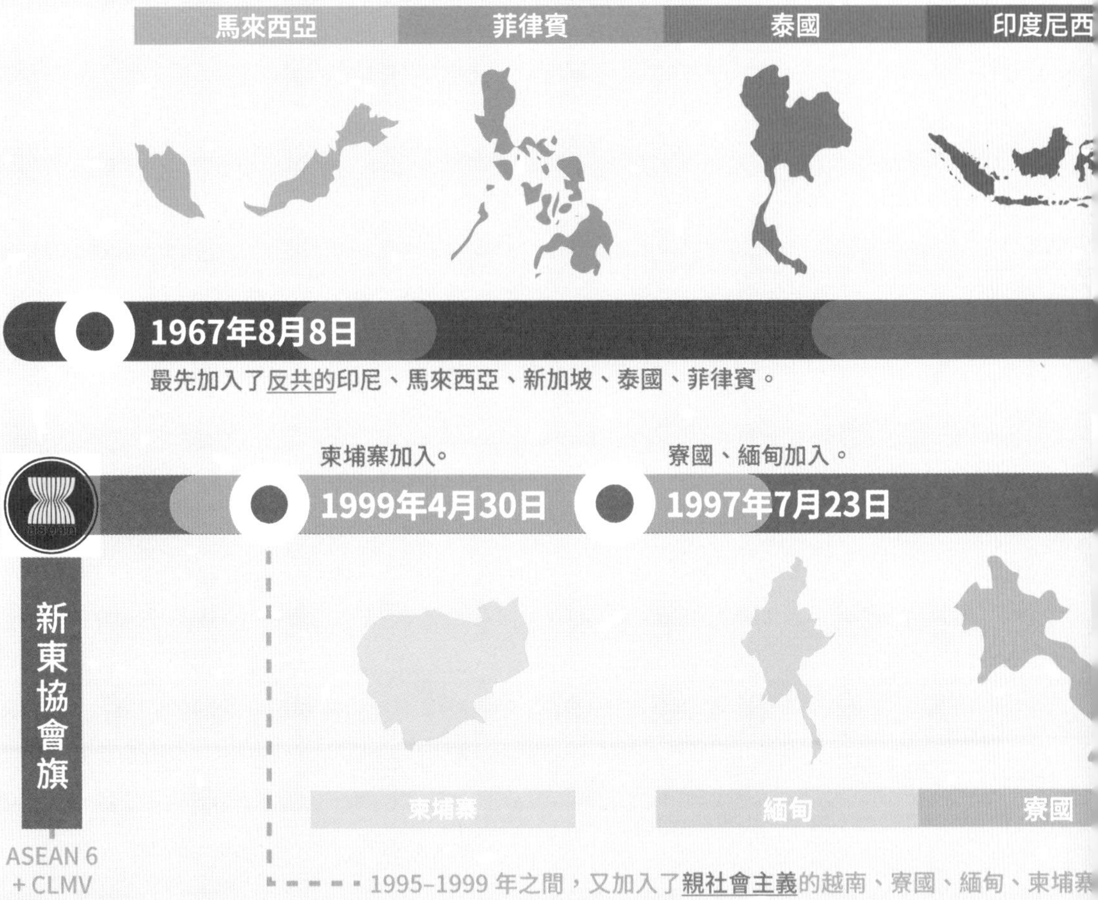

年之間，一個一個成為東協的新成員。

千禧年以後，如今人們所熟知的東協十國才正式浮現，而且迅速在世界經濟的板塊變動下成為世人關注的新興經濟體。快速積累的人才與資本流動，讓一切事物發展的腳步都突然間變得快了許多。

剛過五十歲生日的東協，中年以後的人生，的確跟前半生在國際政治的僵局中緩慢長成的經歷不可同日而語。然後，若稍微深入探察東協各國當前的狀態，絕對不難看出，過去的歷史仍如鬼魅，影響其實從未消散、遠離。

Part 02

當代亞細安

五大關鍵字，走讀東南亞

建立起近代東南亞歷史知識背景後，
本章將透過五大關鍵字：
原住民族、填海造陸、邊陲發展、中國因素與世界遺產，
深入淺出剖析不同的東南亞當代發展課題。

PHILIPPINES

原住民族

深入菲律賓部落，

聆聽居民面對開發案的真實心聲

文／賴奕諭

01
02
科地埃拉
呂宋
03
菲律賓海
薩馬島
班乃島
內格羅斯島
民答那峨島
蘇祿海
04
西里伯斯海
馬來西亞

PHILIPPINES MAP

01 巴丹群島
02 科地埃拉
03 馬尼拉(首都)
04 達沃
道路交通

土地面積	約299,764平方公里（含7,641個島嶼）
人口數	約106,651,922人
語言	塔加洛語、英語、其他（超過180種語言）
族群	原住民族、華人、印度人、其他（超過110個族裔）
宗教	天主教、基督教、伊斯蘭教

提到原住民族，就算你對他們的文化並不熟悉，也可能聽過「臺灣原住民族是南島語族，而臺灣是南島語族原鄉」這樣的說法。因為這樣的論點，近年來臺灣社會不乏與其他分佈於大洋洲、東南亞地區或馬達加斯加等南島語族國家相互交流的經驗。許多人便嘗試透過這種「文化」上的連結，企圖打造一個有別於「東亞文化圈」的共同體。

所謂文化上的連結是什麼意思呢？視角不用拉得太遠，以菲律賓北部的巴丹群島為例，當地的居民即與蘭嶼的達悟族有許多相似之處。除了語言有相通之處，兩地的口述歷史皆有達悟族祖先自菲律賓渡海至蘭嶼定居的傳說，甚至還有實際上彼此通婚的證據。雖然目前因為國界的區隔，使得兩地居民無法再像過去一樣透過海路直達，卻也有不少臺灣人前仆後繼地前去巴丹群島，試圖重新串連起彼此的關係。

作為一個菲律賓原住民族研究者，我雖然並不是在巴丹群島進行自己的田野調查，卻也曾經有一段因為臺灣人而起的接觸經驗。幾年前，臺灣有個原住民族的電視節目去到巴丹群島取材，他們的節目企製在回到臺灣之後向我聯繫，希望我能夠就他們所搜集來的素材給予一些建議。

「語言還有一些可以互通的字詞，他們的文化似乎卻都已經消失了。我們請他們唱自己的傳統歌謠，得到的反而是西班牙的愛情小曲。如果是這樣，到底該怎麼樣找到彼此的連結點呢？」節目主持人這麼問道。

殖民主義的影響或許是共同的交集之一。尤其當菲律賓自十六世紀至十九世紀末期皆由西班牙所殖民，在那之後又隨即被美國殖民將近半個世紀，人民的宗教、文化，乃至於日常生活習慣大多受到殖民者的影響，殖民前的許多慣習已不復存在。相似的是，即便蘭嶼在日本殖民時期曾被設立為一般人禁止進入的保留地，居住於島上的達悟族人卻也在從未真正停止被開發的過程中，受到外來文化的陶染甚深。

和蘭嶼人大為不同的地方是，巴丹群島居民在菲律賓政府的族群分類之中，並不被承認為原住民族之一。事實上，菲律賓作為一個由七千六百四十一座島嶼所組成的國家，光語言便有一百八十幾種，其中卻只有一百一十個族裔群體被國家承認為原住民族。這也不禁令我好奇，在這個幾乎都是南島語族的族裔群體所組成的國家，為什麼有些人可以被認定為原住民族，而生活在巴丹群島的伊巴丹人（Ivatan）卻無法擁有原住民族的身份？

巴丹群島與伊巴丹人

巴丹群島（Batanes Islands）是菲律賓最北邊也是最小的省份，共由十座島嶼組成，是距離臺灣最近的菲律賓領土。居住於巴丹群島的伊巴丹人（Ivatan）據傳與臺灣蘭嶼島上的達悟族人有著相似的語言及文化特徵。在巴丹島的口傳文學中，伊巴丹人曾因海嘯而遷徙至蘭嶼，而達悟族的口述歷史也有祖先來自於巴丹島的說法。雖然巴丹群島與蘭嶼兩地曾一度因為國界的劃分而幾乎不再往來，一九六〇年代卻又再因為人類學家白德澤（Dezso Benedek）帶著達悟族人顏福壽去到巴丹群島進行比較語言學調查，才又重新帶動起這幾十年來兩地之間的文化交流活動。

簡單來說，現在我們所習以為常的族群分類，往往是在歷史過程中被創造出來的一種「傳統」。

像是在西班牙殖民時期的時候，殖民者嘗試以寶劍與十字架做為順服當地居民的策略，卻有些人選擇持續頑強地抵抗。這讓統治者最終以「順服政權與否」做為區別人群的標準，直接將那些始終無法為殖民政權降服的人們，稱做為「沒有天主教靈魂的人」，並不是一般人想像的那種以血緣或文化做為劃分族群的方式。

到了美國殖民時期，接替的統治者雖然採行與前朝不盡相同的殖民地管理方針，卻大抵沿襲了西班牙人這種劃定人群分類範疇的方式，將那些「沒有天主教靈魂的人」以「少數族裔」為名，設立專責機關管理。他們的管理方式，近似於美國國內印第安保留區的概念，強調要保護這些「少數族裔」免於平地菲律賓人的惡習影響，將以循序漸進的文明教化手段協助他們融入主流社會。以相似的邏輯，他們又再進一步的把南部民答那峨地區改宗為穆斯林的原住民族，以專責機關管理，使其與當地原住民族區隔開，而這些分類即成為今日菲律賓族群分治的基礎。

當然，人群分而治之的意義絕不只是在於制度安排的層次而已。菲律賓雖然自一九八〇年代之後，又再將少數族裔的名稱正名為原住民族，並積極推動像是原住民族權利法案、傳統領域劃設辦法等各種保障原住民族的法案，卻仍然無法完全消除原住民族與非原住民族之間的政治經濟資源落差，也難以抹除菲國大眾對於原住民族野蠻、獵首、未經教化等種種誤解。也因此，該國社會現今對原住民族的歧視與資源排擠仍具體而微地顯露在生活的各個面向，不論結構上的落差或是個人層次的互動交往皆是如此。

時至今日，有些原住民甚至會為了隱藏自己的身份，除了刻意不與他人提起自己的身家背景，有人還會因此改掉自己的口音或是飲食等生活習慣。在這樣的情況下，菲律賓的原住民族與非原住民族縱使皆隸屬於南島語族，兩者的區別逐漸在歷史過程中生成，使讓他們在「族群」分類範疇劃定的基礎上成為被社會認定為很不一樣的兩群人。

就連菲律賓人遠渡重海去到外地工作，原住民族與非原住民族的區別有時候也會影響到他們自己結群的方式。有別於大多數臺灣人認識菲律賓移工的途徑，我是因為本來在菲律賓認識的一些朋友來到臺灣工作，而開始接觸到許多原住民族移工。以來自呂宋島北部山區的移工為例，他們通常以族群或地域的分類組成同鄉會，不僅在集會過程使用自己地區的語言，而非菲律賓的國語塔加洛語（Tagalog）；我也曾經碰巧參與到他們與少數在臺灣落地生根的同鄉新住民一同慶祝屬於自己地方的儀式慶典的時刻。除此之外，不同原住民族省份也曾互相合作，舉辦更大規模的泛原住民族的原住民族慶典。這當然並不是要說，菲律賓的原住民族移工都只選擇自成群體，也有不少人加入到其他因工作、宗教或興趣等性質所組成的移工社團。只是因為臺灣的一般大眾往往對移工群體的內部差異所知甚少，大家只能很粗略地用國籍區辨出來自不同地方的移工。

有趣的是，原住民族的身份、傳統及文化雖然時常是他們被污名化的來源，不少人卻也將其視為是自己引以為傲的特點。當大家認為低地的菲律賓人已經被殖民者帶來的文化徹底地影響而式微之後，原住民族傳統文化反而被視為是抵禦了殖民者文化侵略所留下的珍貴遺產。

也因此，在菲律賓於一九七〇年代一波本土化浪潮之際，有像是重量級的民族音樂學家荷西・馬賽達（José Maceda）強調民族音樂採集工作的重要性，期望以此為基礎找到屬於菲律賓獨有的音樂根源，並能夠掙脫西方音樂的框架，讓菲律賓人以自己的文化元素創作音樂。也有像是曾於八〇至九〇年代紅極一時的流行音樂歌手喬伊・阿雅拉（Joey Ayala）及其所創立的新土著樂團（Bagong Lumad），在菲律賓樂壇首開以原住民族傳

塔加洛語

塔加洛語（Tagalog）屬南島語言的一支，廣泛使用於菲律賓呂宋島中南部、盧邦島、馬林杜克島，以及民多羅島的北部與東部地區。塔加洛原先其實是族群名稱，意指「住在河邊的人」（Taga-ilog）。由於菲律賓有將近四分之一的人口是塔加洛語的母語使用者，在經由菲律賓語言委員會的標準化之後，現在以菲律賓語（Filipino）為名，與英語並列為菲律賓的官方語言。今日由於美國的菲律賓裔人口眾多，估計總共有超過一百七十萬人以塔加洛語為母語，其中加州與內華達州的主要語言甚至就是塔加洛語。

統樂器與音樂風格創作的風氣，並融合與原住民族生活緊密相關的土地及環境議題。時間再拉得更近一些，部分政府官員及民間人士甚至試圖要以民多羅島的孟恩族（Mangyan）仍在使用的貝貝因文（Baybayin）為基礎，重新建構一套菲律賓的書寫系統。如此看來，前述的例子可以說是透過菲律賓原住民族的歷史與文化特性，致力於撥開層層標籤與各種外來文化的影響，浪漫地追尋自己的過往及根源。

然而，這並不表示菲律賓的原住民族便真的一直是與世隔絕，透過抵禦殖民者的統治而保留下殖民之前的菲律賓文化。事實上，即便是在西班牙殖民時期還沒有與西方人有過太多接觸，原住民族社會也在後來的美國殖民時期，透過日漸普及的基礎教育及基督宗教而有著極大的變遷。更不用說早在殖民時期之前，原住民族也與平地的菲律賓人有著穩定且頻繁的貿易往來，並非一般人想像中遺世而獨立的情況。以這樣的視角來重新反思

一九七〇年代菲律賓的本土化運動

一九六〇年代後期，菲律賓各地湧現大量抗議群眾以及各種類型的社會運動，其中菲國人民的部分不滿情緒源自於政府並未真正斬斷與美國這個前殖民母國的政治、經濟及文化霸權影響。有鑑於此，前總統馬可仕（Ferdinand Marcos）除了透過獨裁戒嚴統治打擊國內反對勢力，更藉由舉辦大型藝文活動與推動塔加洛語國語化等方式，宣稱將以去美國化的政策，重新凝聚菲律賓的國族認同。不少民間人士雖然不滿於政府的做法，卻也同時嘗試擺脫過去殖民文化的影響，以藝術文化、學術研究等途徑找回前殖民時期文化的根源。兩股力量促成了菲律賓社會一九七〇年代以降的本土化浪潮。

菲律賓的「原住民族」概念，便讓前面巴丹群島居民的族群分類問題顯得更加有趣。

菲律賓這樣的情況並不是特例。就算是大家相對熟悉的臺灣，我們以為漢人／生番／熟番的分類顯而易見，日治時期「熟」的身份註記卻不只是專門指涉我們現在知道的平埔族群而已，「生」與「熟」的標籤其實更隨著殖民者的統治而不斷在改變。像是曾有部分族人被註記為熟番的賽夏族，在南庄事件爆發之後便通通被改為「生番」。又或者，有些我們現在以為的法定原住民族，如部分的阿美族或排灣族人，因為與日本殖民者的互動關係，在當時曾有一度被認定為熟番。由前述的種種例子來看，顯然族群的分類端看殖民政權是否能夠有效的管控轄下人民而定。既然如此，大家對於原住民族抵抗歷史與其文化特性的想像究竟從何而來？打破這些想像又可以怎麼樣讓我們理解到菲律賓，乃至於臺灣社會的真實景況呢？

重量級的民族音樂家荷西．馬賽達

荷西．馬賽達（José Maceda）（一九一七—二〇〇四）是菲律賓當代著名的作曲家與民族音樂學家。雖然早年受的是西方音樂的訓練，他卻強調亞洲作曲家應當要由其傳統音樂根源尋找新的出路，並思考本地傳統文化與現代社會之間的關係。也因此，他除了致力於民族音樂的採集工作，也嘗試在使用傳統的民俗樂器之餘，帶入當代音樂的技巧。馬賽達一生走訪菲律賓與東南亞各地，完成近八十七種不同語言、地區的調查資料，而他在田野調查過程中所採集的音樂及出版作品，則於二〇〇七年獲聯合國教科文組織登錄為「世界共同記憶」計畫之一。

02 01

01 薩加達的稻作梯田景觀。（圖：賴奕諭）02 薩加達著名的懸棺葬文化一景。（圖：賴奕諭）

族群與文化是互動來的產物

二〇一五年，我在菲律賓友人的推薦下，去到她的家鄉薩加達（Sagada）。那是座位於呂宋島北部科地埃拉行政區（Cordillera）的幽靜山城，雖說幽靜，旅人卻總是絡繹不絕。由於當地的地底鐘乳石洞穴、懸崖掛棺以及傳統稻作梯田景觀實在出名，這便讓那個位處於山腰與山底河谷之間的聚落，多年來吸引了國內外眾多旅人前去拜訪。

「觀光客真的其實是太多了，以至於我在放長假回到家的時候，根本就不願意出門跟遊客擠。」長年以來在外地工作的友人這麼跟我說。

「既然如此，為什麼還特地邀請我去那裡看看呢？」

「這就是薩加達最迷人的地方了！雖然現在它變得很觀光，卻也同時是保留相當多坎坎奈族人（Kankanaey）傳統文化的地方。鄰近其他地區就算沒有像薩加達一樣接觸到那麼多外人，也沒有像它這樣保留傳統的社會組織與儀式。」她信誓旦旦地這麼答覆我。

剛去到薩加達的前幾天，我就像是個一般的觀光客一樣。每天早上從民宿起床之後，便開始到附近的小店和博物館走走，拜訪幾個據說是外地人必去參訪的景點。我甚至還在當地碰巧遇上了一群來自馬尼拉的大學生，他們因為要完成畢業製作影片的緣故，決定去到這個著名的觀光小鎮，拍攝觀光業如何影響到當地生活型態與傳統文化的情況。就這樣，我糊裡糊塗地跟著他們行動了幾天，看著他們訪問當地的店家、導遊與農人，也聽他們分享馬尼拉與薩加達生活的種種差異。即便如此，生活在這個觀光業蓬勃發展、各式以「文化」為賣點的手工藝品充斥的小鎮之中，我仍舊無法理解友人所謂的保留傳統到底意味著什麼。

直到有一天，當我獨自一人走在貫穿薩加達小鎮的主

喬伊阿雅拉與新土著樂團

喬伊．阿雅拉（Joey Ayala）（一九五六—）是來自於菲律賓南部民答那峨地區的原住民族流行歌手及作曲人，曾任國家文化藝術委員會主席，因為將傳統民族音樂融入於現代流行音樂而著名。早在一九七〇年代晚期，他便已經是少數嘗試將傳統音樂元素以及原住民族所面臨到的環境議題透過音樂表現出來的歌手，是菲律賓另類音樂運動的先驅者。其所成立的新土著樂團（Ang Bagong Lumad），便在這樣的關懷之下培育出不少原住民族流行歌手與音樂人，更挑戰了菲國社會對於使用傳統音樂、樂器的刻板印象。

01

01 薩加達的傳統男子集會所 dap-ay（圖：賴奕諭）

要幹道上時，突然間隱約聽到距離不遠的地方傳來一陣銅鑼聲。起初還有些掙扎，不知道往那狹小且彎曲不見底的巷弄走去會是什麼。然而，好奇如我還是尋著聲音走去。就在鱗次櫛比的屋舍與稻田的交界之處，我意外地發現到一個當地的傳統男子集會所 Dap-ay，而我所聽到的銅鑼聲，正是在那裡的幾個老年男子敲擊其傳統樂器 Gangsa 所發出的聲音。一問之下才知道，原來他們正準備要舉辦一個在當地叫做是 Begnas 的傳統稻米耕作儀式。霎那間，我突然覺得自己彷彿是走到了薩加達不為外人所理解的後台一般。而令人欣喜的是，就在理解到那是怎麼一回事之後，幾位老人家熱情地邀約我參與他們的儀式。

簡單來說，薩加達在一年之中會舉辦四到五次像是這樣的儀式，每次按照舉辦者的考量會有三到七天的期程不等。基本上是針對農作的整地、耕種、收成等不同階段有相應的儀式，比如三月的 Begnas、五或六月的 Do-ok、七月的 Ogas、十或十一月的 Yabyab，以及十二月份的Innana。由於薩加達總共有十二個集會所，分別代表該小鎮不同的居住區域與人群，儀式就是由不同的集會所輪流舉辦，負責的集會所則需要提供儀式獻祭用的牲畜。

碰巧的是，我無意間走到集會所的那個時刻，正好是整場儀式才正要開始的時候。幾位主事的老人家在以雞肉與風乾的鹹豬肉獻祭之後，帶我走到距離集會所不算太遠的涼亭，生火、並拿起一旁事先準備好的木材，開始要製作儀式用的盾牌Pakengkeng。

「這是每一次儀式都需要重新再製作的用具嗎？」對於儀式毫無概念的我傻傻地問道。

「其實以前不是這樣的。」本次儀式領頭的老人家一面削木頭，一面這麼跟我說。

「從前我們做完這些盾牌或是其他的儀式用器具是可以用上不少年的。外面來的人多了，我們偶爾會遇到一些博物館或遊客跟我們要去這些東西。有些人還算是會

貝貝因文

貝貝因文（Baybayin）這套菲律賓的傳統書寫系統，是民多羅島的孟仁族（Mangyan）以鐵釘或樹枝刻在竹子或葉子上的文字。在西班牙於十六世紀殖民之初，為修士當作是傳教的重要媒介，一直到拉丁字母完全取代它。在這樣的背景之下，貝貝因文雖然並不是菲律賓各族群普遍使用的文字，卻在當代被視為是足以代表菲律賓文明的重要文化遺產之一。也因此，菲國國會曾有議員於二〇一一與二〇一三年分別推動國家書寫系統法案以及貝貝因文法案，希望能夠讓貝貝因文取代拉丁字母，成為菲律賓正式的書寫文字。

客氣的詢問，有些則直接趁我們不注意的時候拿走。久而久之，我們乾脆每次儀式都自己重做一遍。也沒有真的太花時間啦，就變成一種習慣了。」

如此看來，儀式本來就是會隨著與外界的互動而有所改變，跟文化是一直在變遷是一樣的道理。也正是因為這些木盾牌，我才漸漸從他們的口中得知，這個儀式其實不只是保佑稻米豐收這麼簡單而已。相傳從前在科地埃拉中部一帶的區域，各個部落之間的關係其實相當緊張，縱使一直都有商貿的往來與連結，卻也同時有著相互獵首的習俗存在。因此，Begnas 在過去被他們的祖先視為是一種戰祭：主持儀式者招喚出祖靈，讓他們免於外敵的侵擾，同時也讓祖靈確保他們種下的稻米能夠豐收，使得部落茁壯。

作為一個對該文化不甚了解的人，參與到這樣的場合實在幸運。那是因為當地居民在涼亭為接下來的儀式做準備的同時，陸續有人送來食物、飲料與酒類，來來去

薩加達，坎坎奈族

薩加達（Sagada）是位於菲律賓呂宋島北部的一個山城，以懸棺、鐘乳石地洞與稻作梯田景觀而聞名，多年來吸引大批國內外旅客前去拜訪。雖然該地區於西班牙統治時期還並未受到殖民者太多的控制，卻在美國傳教士的影響下，成為菲律賓少數以聖公會為主要信仰的城鎮。居住於薩加達的坎坎奈族人（Kankanaey），早期與其他同樣定居於科地埃拉山區的少數族群被殖民者統稱為 Igorot，意指為「住在山裡的人」。他們以特徵鮮明的傳統社會組織著稱於世，男子有 dap-ay 作為集會中心，而 ebgan 則是女子得以集會的所在。

去的大夥兒往往也就順勢坐下來天南地北的聊著天，讓我在一旁得以藉機拼湊出對於這個地方的認識。為了想要更進一步了解這個儀式所代表的意涵，那天晚上我並沒有再回到民宿，反倒是跟著他們在那個小小的涼亭裡面圍著篝火，繼續在凌晨時分聽著耆老向年輕人講述屬於他們部落的故事。縱使有些時刻大家陷入了沈默，總有人會適時地起身走動並添加柴火，確保大家不會因為夜裡驟降的氣溫受寒，而篝火也不至於在日出之前熄滅。

清晨五點半，就在天還微微亮，而我漸漸有些昏昏欲睡的時候，一旁的大哥推了推我，將我喚醒。大夥兒不知道從什麼時候開始已經悄悄地整裝待發，準備要進行第二天一大早的儀式。他們首先在涼亭外張羅儀式用的食物，由耆老祝唸禱詞，告知神靈我們此次儀式的目的。接著，我便跟著一群身穿傳統服飾、手握矛與盾的部落男子，浩浩蕩蕩地往附近的山裏走去。

走著走著，身體還正因為清晨的寒氣而有些發顫，一直跟在他們後頭的我回過神來，發現自己已經來到部落一旁山丘的制高點。此時，領頭的男子帶著大家面向日出的方向，點燃數捆稻稈成為火炬，待天光漸漸使我們看到像極狼煙的煙霧時，用響亮的號角聲揭開了天幕，而其他人則跟著那聲響大聲地唱起部落呼喚祖靈及守護靈的禱詞：

「來自於我們下游、伊洛科地區（Iloco）與天上的靈魂啊／我們聚集在Madmada-a的山上這裏／呼喚著我們族人的靈魂／每個靈魂都必須面對著他的孩子與他的配偶／來自於部落石頭裡與外圍地區的靈魂啊／我們的族人正聚集在Madmada-a這裡／強大的To-o山脈使我們族人強健／被敵人殺害的您，被Bontok、Samoki、Dallikan或是Guinaang人殺害的您／我們正在Madmada-a這裏呼喚著您／這裡有醃肉、米酒，還有以甘蔗葉包裹的米飯要給予被我們呼喚的您／請您替我們帶來其他人食物豐收與牲畜興旺的神奇力量／把它帶來到薩加達／那將都會再回饋給您／那些落在他們身上的松樹／那些導致下游的大水／那些被鉤住的牛隻／必然是你們對他們的復仇」

01

01 部落長輩教導年輕人如何演奏傳統樂器。（圖：賴奕諭）

剛開始怎麼樣也聽不出門道的我，只覺得這彷彿像是示威一般，突如其來的聲響使得幾隻受驚的鳥兒從樹林中竄出，讓原先靜謐的小鎮在一大清早迎來了一陣陣的擾動。然而，對於領頭的耆老來說，此時更重要的是他們能否聽見靈鳥 kiling 為神靈帶來的預示，這將是決定儀式是否順利、稻米能否豐收的關鍵。與此同時，雖然這是一個祈求稻米豐收的儀式、也是薩加達不同集會所得以凝聚人群的重要機制，其儀式中的木盾牌、戰矛與各種戰鬥意涵更得以讓我進一步的理解到：當地人對於我群與他者的想像，究竟是如何透過儀式的實踐而鞏固且強化。在這樣的情況下，儀式不再只是一個族群的文化遺存而已，它帶出了屬於該部落的抵抗歷史，以及他們藉由與外界互動而來的文化特性。

儀式並未因此而結束。帶著我的大哥告訴我，這天接下來他們要回到自己的集會所為隔天的行程做準備。有別於前一天到訪的居民來自於薩加達不同的集會所，儀式第二天是主辦儀式的集會所自己的居民在主導。於是，就在我們一行人緩步走回到最剛開始聚集的集會所途中，幾位隊伍中的年輕小伙子在路經各自所屬的集會所之後，便直接留了下來，並未繼續跟著我們。如前所述，薩加達這類的儀式是輪流由不同的集會所舉辦。雖然都隸屬於同一個部落，各個集會所平日其實是獨立運作而互不干涉。由此可知，即便早上的儀式能夠召集到來自不同集會所的人們，其他集會所的成員在整個儀式過程只不過是扮演輔助性的角色。

也因此，再回到集會所的時候，幾個參與早晨行動的年輕人先各自回家換衣服，稍作休息之後就又匆匆地來到集會所待命。老人家們則多半直接留在集會所聊天，一邊開始製作一種叫做Takba的傳統背袋。在完成背帶之後，慎重地把它懸掛在集會所邊上，象徵祖靈透過儀式正看顧著集會所。也在這個時候，部落裡許多的孩童一起湊過來玩耍，其他人則敲著銅鑼、跳著傳統的舞步，又或者在一旁繼續談天。這樣的氛圍將一直持續到深夜，就算已經是第二個必須要通宵的夜晚，待在集會所的大家仍然毫無要停下來的跡象。

即便如此，儀式進行到第三天，居民依舊是起了個大早。才七點不到，參與者便陸陸續續走到鄰近的河裡開始儀式性的沐浴Toling。起初，就只是最後於前一晚待在集會所過夜的十多位老人家而已。漸漸地，許多年輕人與小孩出現在河畔，而來自不同集會所的其他居民也一隊隊的前來，最後約莫聚集了七、八十位拿著儀式用戰矛的參與者。

洗淨之後，大家往聚落一旁的稻田前進。主事的耆老帶著兩位背著Takba的青年，率先沿著田埂緩步地走到田地的中央。只見他們或蹲或坐，燒著捆成一束束的稻稈子，一邊吟唱，一邊開始他們的儀式。這個時候，其餘並未加入到那一小群人的其他參與者，便一語不發地站在田埂上看著老人家的一舉一動。這樣靜肅的場面，一直要延續到他們結束了田裡的儀式，移動到據說是部落守護靈駐守的神木所在之處Patpatayan，都還是如此的氣氛。在神木巨幅的樹蔭之下，耆老以手輕觸著樹幹，默默地唸著禱詞，並示意要以扁擔扛著豬隻前來的年輕人向神靈奉獻。經過一連串的儀式之後，帶頭的老人家將分好的豬肉一一插

在每個參與者帶來的戰矛上，讓他們得以在儀式結束後各自帶回家。

而整個 Begnas 儀式最後的高潮，就在他們從神木那裡回到集會所後開始。在男子們抵達集會所之前，整個 Begnas 儀式中首度出現的部落婦女早就已經帶著奉獻用的飲食在那裡等待著。事實上，同時聚集在集會所周圍的還有許多的觀光客。他們或許不知道先前幾天發生了什麼事，不過由於當天早上儀式參與者穿著傳統服、帶著儀式用的樂器及器物，從薩加達的主要幹道走到神木區，那樣的大排場不免吸引到大批的遊客前去觀賞。

彷彿嘉年華似的，在一圈圈人潮圍著的集會所內，與會的男子正熱烈地唱著禱詞，他們殺豬、雞與狗用以奉獻給祖先。

除了一部分的肉在現場拿來煮成大鍋湯以外，其餘的豬肉被隨意地擺放在地面的芭蕉葉上，隨著逐漸往前推進的宰殺進度越疊越高。只見不少在場外急切地往集會所內部望去的婦女，頭頂著裝滿奉獻飲食的竹籃，等待著老人家分送豬肉給他們。而其餘不是負責持家的婦女，大多是老太太們，在更外圍的地方隨著男人們敲奏的音樂跳著傳統的圓圈舞。至於那些聞風而至的觀光客，則恣意地穿梭在人群中，不斷用著手機與相機拍照，更不時發出驚嘆的聲音。

這樣眾人齊聚的歡愉場合其實並沒有持續太久。待場內的男子們分好豬肉，與婦女帶來的食物做交換之後，人潮很快便散去，原先鬧哄哄的集會所也突然再度沉寂了起來。此時，整個儀式過程幾乎沒有什麼休息的幾位老人家，總算是鬆了口氣。然而，他們也沒有辦法完全鬆懈下來。事實上，他們還得等待靈鳥最後帶來的預示，確認其儀式及奉獻是否讓神靈感到滿意，才算真正的完成。在那之前，他們仍不願各自返家，反倒是三三兩兩地繼續去到其他耆老的家中聚會，直到很晚很晚才願意回家。

結束了為期三天的儀式，我忍不住回頭重新思考友人當初推薦我到薩加達遊歷的那個理由。沒錯，即便這是一個觀光業極為發達的一個小鎮，它確實讓我看見了相當傳統的儀式與社會組織至今仍相對完好的被保存下來。其中，Begnas 儀式不僅反映出他們的在地歷史，更讓我得以從中理解到他們現今對於我群、他者的認知究竟從何而來。然而，倘若我們就

01 01 引領儀式的男子在鄰近聚落的山丘升起狼煙。（圖：賴奕諭）

只是把對於傳統與文化的認知投射於此，很可能就直接把他們想像為自殖民時期便不斷向外界抵抗的人群，使其得以免於遭受外來文化的侵擾，而保留下來自身的傳統。

這句話說對，也不對。原因是，就在當地居民仍持續實踐傳統文化的同時，我們不能忽略同樣佇立於鎮上的童貞瑪莉亞教堂（Church of St. Mary the Virgin）。那是一座於一九〇四年由美國傳教士所建成的教堂，這也意味著殖民者早在美國殖民時期就已經透過宗教深入到薩加達社會。既然如此，大多數人已經信仰基督宗教的薩加達居民，為何會讓具有傳統政治、宗教與社會意涵的組織及儀式持續留存下來？

根據耆老的記憶，薩加達曾在一九五〇年代中期有過一次嚴重的灌溉水源缺乏危機。因為那次危機而來的灌溉渠道修築計畫，則是讓他們的傳統社會組織得以與時代接軌，並鞏固其運作方式的一次契機。

簡單來說，雖然在過去很長的一段時間裡，薩加達居民皆是以自種的地瓜為主食，但幾乎每戶人家都至少有一塊種植稻米的田地。一方面，有別於大家用以種植地瓜的游耕地，稻作田地的邊界明確，足以彰顯人們在部落的財產與社會地位。另一方面，他們大多數的傳統儀式都與稻米的耕作時程息息相關，即便薩加達並不是一個稻米生長多好的地方、鄰近的穩定水源也很少，維持稻米的耕作在當地仍是一件重要的事情。也因此，薩加達負責協調公共事務的各個集會所便在其中扮演相當重要的角色。像是灌溉渠道的配水、維護與

01 主持儀式的耆老在稻田中央吟唱傳統古調。（圖：賴奕諭）
02 儀式參與者聚集於部落守護靈駐守的神木所在之處。（圖：賴奕諭）

修築就是由不同的集會所在稻米耕種的乾季期間輪流負責，工作內容還包括了部落內部的紛爭調停以及對外界的衝突協商。

基於這樣的背景，當薩加達的稻作田地在一九五〇年代不斷地擴張，其仰賴的水源又漸漸因為鄰近山區伐木所造成的水土問題而變得不穩定，這便讓居民開始感到有些不安。起初，他們先是責備負責配水的人員怠忽職守，直到意識到問題遠比想像中的還要嚴重之後，大家便開始著手討論修築另外一條灌溉渠道的可能性。

開發一條新的渠道當然不是件容易的事情。畢竟原先支持薩加達灌溉水源的渠道總長才約莫四公里，想要從水源更穩定的溪流做導流，那將要修築將近二十五公里的渠道。除此之外，他們當時規劃的渠道路線直接跨到了另一個聚落貝薩（Besao）的傳統獵場，即便薩加達的集會所確實發揮了各自的組織動員功能，並在協商期間不斷地讓居民得以參與到討論工作的分配，這項計畫顯然並不單純只是需要自己聚落內部的溝通而已。

為了確保他們能夠有效控制新的灌溉系統，薩加達居民除了試圖透過與國家的合作強化自身舉措的合法性，更積極試圖經由協商要與貝薩的居民達成共識。一九五六年初，薩加達居民首先向菲國政府提交連署書，嘗試要申請

01 部落婦女加入儀式的群舞。（圖：賴奕諭）
02 耆老於儀式中分配豬肉的經過。（圖：賴奕諭）

合法的水源使用權，這便讓森林部官員因此有過數次的實地勘查，確保不同聚落之間不會因此產生利益衝突。整個過程一方面有賴於薩加達出身的國會議員為他們四處奔走、尋求經費，另一方面各集會所扮演的角色也至關重要。原因是申請水源使用權的行政流程曠日費時，在他們於一九七二年獲得臨時的水源使用執照之前，居民甚至必須組隊造訪馬尼拉提交正式申請書並向官員親自說明。有鑒於人力、金流的問題往往需要先由居民自己內部達成共識，集會所便成為是他們商討資金籌措事宜或是行動策略等的重要場所。

事實上，他們與貝薩居民的協商也同樣仰賴相似的機制，尤其是以集會所這樣的傳統社會組織做為串連人群的媒介。舉例來說，薩加達人在協商過程不時強調他們與貝薩之間眾多的婚姻及親屬關係，試圖透過人與人的連結，拉到是集會所之間的關係，進而使得兩地居民最終以「彼此的共同利益」為由，達成讓薩加達居民能夠修築灌溉渠道的共識。有趣的是，就在雙方仍為了水權而斡旋的時候，曾有來自馬尼拉的開發商意欲申請於該爭議的水源地開採松樹脂。由於薩加達與貝薩居民皆認為彼此一定會協商出一個共識，因此便有一度是彼此合作驅離該開發商，結束後再回過頭來繼續對峙。

由薩加達灌溉系統修築的這個例子來看，即便是仍然在舉辦「傳統」儀式的「傳統」集會所，當他們試圖透過申請合法水權嵌入於國家體系之中，那正是在當代的情境下以新的方式在重新整合內部關係，乃至於與其他聚落之間的關係。Begnas 儀式所反映出來的反抗特性，固然能夠再現出當地居民在某段時間與他者之間的互動歷史，那樣的關係卻不可能總是如此。在這樣的情況下，我們實在不能夠簡單地將他們的文化實踐視為是一成不變的傳統，這樣反而忽略了文化本來就是在與他者的互動過程所出現的產物。像是這樣的視角，在另一個我所親身經歷的例子之中應該會更加地清晰。

在經濟發展與文化價值的對立之外

二〇一一年，一家在菲律賓推動再生能源發展的 PhilCarbon 公司，提議於薩加達與貝薩之間的山脊分水嶺興建一座風力發電公園，而那正是當初薩加達與貝薩在爭奪水權的爭議區域。根據菲律賓《原住民族權利法案》，所有在原住民族地區意欲推行的開發計劃案，都必須在知情同意原則（free, prior, informed consent，簡稱 FPIC）的基礎上，徵求當地居民的同意。而該公司在計畫推動之初，也確實遵循了這樣的準則。在完成相關法律程序之後，他們在預定開發的位置設立了數座測風裝置，用以做為後續實際建設的參考依據。

看似一切順利的情況，在二〇一三年的時候突然變了調。原因是有不知名人士在即將完成測試階段的前夕，摧毀了那些測風裝置，這樣的事件一瞬間讓輿論炸了鍋。有人說，這是因為該公司並未在先前的說明會告知居民風力發電的風險，導致心生不滿的人採取如此激烈的行動。也有人直接了當地懷疑，這其實是長年來在科地埃拉山區一帶相當活躍的菲律賓共產黨叛軍所為，因為他們曾私下廣傳一份聲明給了不少薩加達與貝薩的居民，宣稱他們站在居民的立場，堅決反對將帶來諸多負面影響的風力發電進駐當地。不僅如此，共產黨叛軍甚至在兩地秘密組織了幾場會議，向感興趣的民眾說明他們研究風力發電的想法，尤其是它將為社區帶來的衝擊評估。由於軍方相當相信這樣的說詞，許多反對該風力發電計畫的居民便指出，他們除了因此被懷疑是共產黨的黨羽之外，更直接有不少遭到騷擾及恐嚇威脅等經驗。我在二〇一五年拜訪薩加達的時候，當地因風力發電計畫而起的事端仍尚未平息。身為當地居民所組織的「薩加達——貝薩風力發電觀察團」一員，民宿老闆娘一聽到我是人類學系的學生，便滔滔不絕地向我談起了這項爭議。甚至在我參加完 Begnas 儀式的隔天，她便在我返回民宿的時候，主動向我提及那天早上他們與地方政府的協商會議有多麼地不順利。

「你知道嗎？那其實是個很勢單力薄的情況。政府只會把開發計畫當作是振興地方的唯一方式，而我們這些反對勢力的人卻還沒有辦法團結。會議一開始，非政府組織的代表就只有四個人，我們就只能一直在桌子下面狂傳簡訊叫人來。那是多麼令人沮喪的事情？」

在聽到這番話的當下，才剛經歷完儀式的我心裡忍不住想：薩加達傳統的社會組織呢？如果他們的組織動員能力在當地是相對扎實的，那麼他們的人究竟都去了哪裡？

幾個月後，老闆娘邀請我參加他們在鄰近地區所舉辦的一場抗議行動——科地埃拉日

（Cordillera Day）。那是由觀察團與科地埃拉山區著名的原住民族左派倡議組織科地埃拉人民聯盟（Cordillera Peoples' Alliance）共同籌辦的活動，目的除了是要向風力發電計畫說不，組織者也希望能夠藉此向參與群眾提供更完善的相關背景知識，而不只是人云亦云。

從外地趕赴到活動會場的我，約莫在早上九點抵達。然而，在還未抵達現場的時候，我便留意到相當肅殺的氣氛，因為政府在附近的路口佈下重重警力，仔細盤查每一位經過的路人。也因此，當地居民實際上來得很少，參與者多半是從外地來的各種組織工作者，這讓原先是學校集會廣場的偌大會場顯得有些冷清。

一見到我便打開話匣子的老闆娘，忍不住向我抱怨她在整個籌辦過程所遭受到的各種刁難。原來當天舉辦活動的場地，既不在薩加達，也不在貝薩。因為他們在整個申辦的過程中，不斷受到兩地的官員多番阻撓。最後甚至只能夠辦在這個地方政府還算相對支持的另一個行政區內。

就在此時，當地的村長上台拿起麥克風、清了清喉嚨，試圖向參與者解釋那日的實際情形。他告訴我們，由於當地居民只要一出門，就會被滿街都是的軍警給盤查，這讓許多人根本不敢出門，又或者就聚集到學校附近的鄰居家聽著大家的說話內容。

「我知道你們害怕，」他透過麥克風，彷彿是跟那些不敢在會場上露臉的人們說著。「但你們聽著，我們會在這裡說我們該說的話。不管怎麼，你們總會聽見應該要知道的真相。」

不可諱言的是，共產黨叛軍與政府軍隊之間的角力，實實在在地影響到當地居民對於該風力發電開發案的表態及參與的意願。在暴力籠罩的陰影之下，立場的選擇彷彿只是單純的意識型態之爭。然而，倘若我們更進一步地追問反對者所持的意見，將會發現左右當地居民立場的原因遠比想像中還來得有趣。

「我們不喜歡風力發電其中的一個原因，是我們不願再次挑起爭端。為了要蓋起那些風車，公司勢必會給予擁有那塊土地的地主稅金。」

「若是風力發電會影響到水源的流動，就算那塊土地是特定人所擁有，它都還是會影響到所有的人。」

當初為了水權協商超過數十年的薩加達與貝薩居民，在總算達成共識之後，又再因風力發電計畫重新挑起與那塊土地相關連的話題。事實上，在我接觸到的不少人之中，他們多半不再樂見薩加達與貝薩彼此之間的紛爭。尤其當開發公司的介入將會具體地帶來

菲律賓共產黨反叛軍

菲律賓共產黨反叛軍成立於一九六九年，正式名稱為新人民軍（New Peoples Army），至今仍是菲國相當活躍的地下政治組織。服膺於菲共創立人西松（Jose Sison）的核心意識型態，強調以毛澤東思想為本，反對帝國主義、官僚資本主義和封建主義，並試圖以鄉村包圍城市作為其運動策略。旨在通過暴力革命推翻菲律賓政府，建立一個社會主義國家。該武裝勢力目前粗估有六千至一萬名成員與非正式成員，被美國及菲律賓政府名列為恐怖組織，是東南亞地區現存最久的共產黨武裝組織。

科地埃拉人民聯盟

科地埃拉人民聯盟（Cordillera Peoples' Alliance）是菲律賓一個著名的泛原住民族運動草根組織。自一九八五年以來，菲國呂宋島科地埃拉地區每年約莫在四月底會舉辦一個稱為科地埃拉日（Cordillera Day）的活動。該活動其實

利益分配的議題，那將可能把原先相對和諧的聚落關係重新再打掉。

如此看來，當我們論及世界各地原住民族地區的開發計畫案時，人們往往想像的經濟發展及文化價值的對立很有可能只是掩蓋著實情的假議題。特別是所謂的「文化價值」，時常會被一種很奇怪的想像給綁架，像是把原住民族的文化以很靜態的方式給樣板化，又或者假定自給自足的原住民族就是不斷在歷史過程中向外界抵抗的這種浪漫想像。若我們無法意識到文化其實是隨著與外界的互動不斷在演進，原住民族與其他聚落、乃至於與國家的之間的關係也都持續在變化，那麼將無法解決現今我們所面臨到的諸多文化及發展衝突問題。這不單只是菲律賓才獨有的現象，把視角拉回到臺灣社會，我們是不是也往往給予原住民族一種深具刻板印象的想像而不自知呢？

是當地人的抗爭手段之一，籌辦的科地埃拉人民聯盟企圖引入外來的支持力量與資源，阻擋政府與跨國公司所欲引入的破壞型發展計畫。根據運動者的說詞，在一九七〇年代戒嚴時期，菲國政府意欲在當地的齊柯河（Chico River）沿線興建數座大型水壩，而該運動的起源就是在紀念一九八〇年遭軍方射殺身亡的反水壩運動領袖Macliing Dulag。

01 科地埃拉日的抗議行動現場。（圖：賴奕諭）

SINGAPORE

填海造陸

沿著海岸線變化，
洞見新加坡的小城大國夢

文／萬宗綸

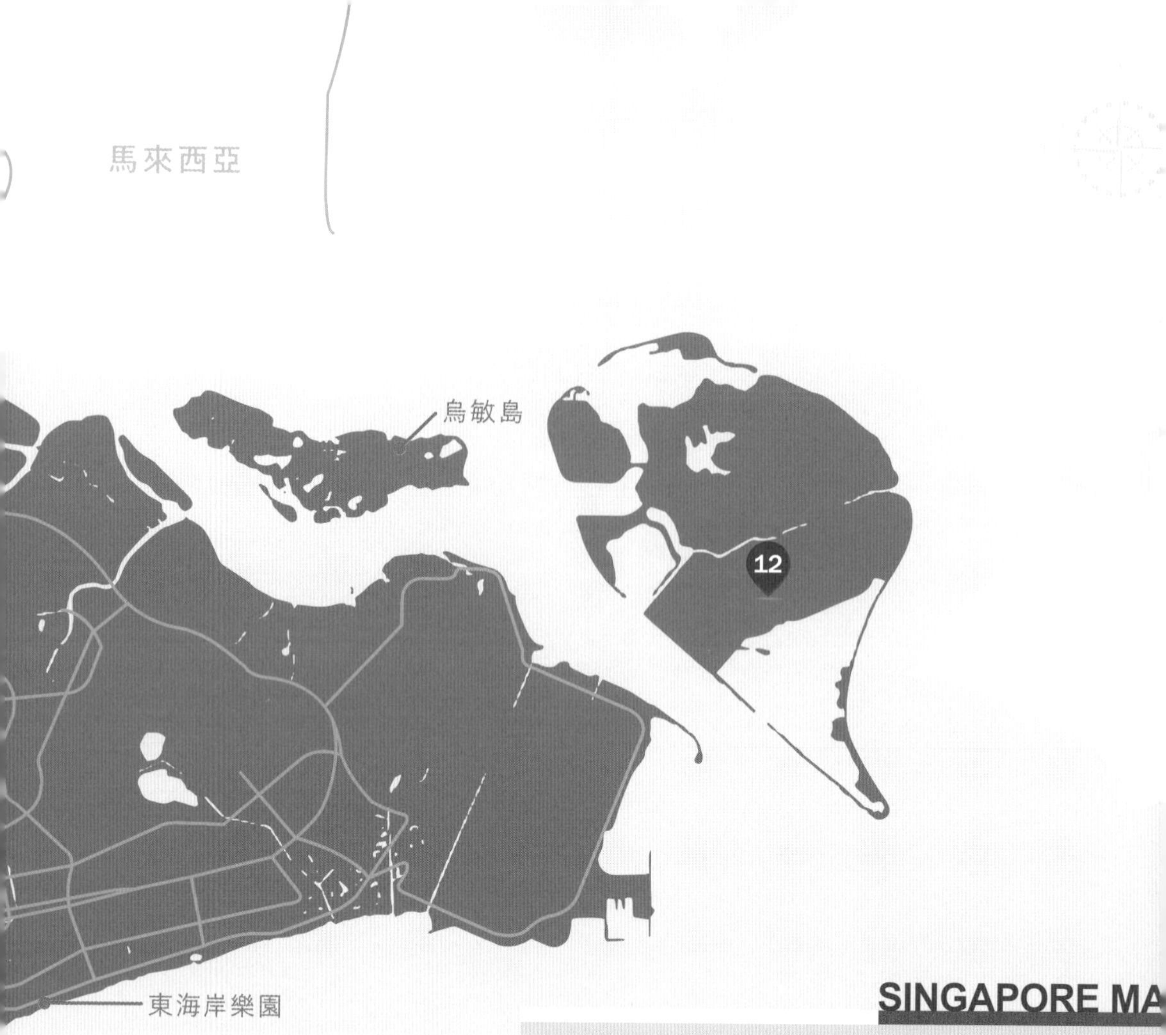

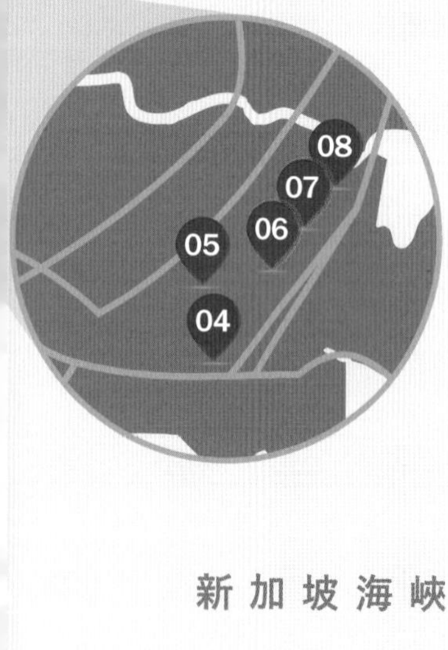

SINGAPORE MA

01 大士	06 直落亞逸	11 芽籠河
02 聖淘沙	07 萊佛士坊	12 德光島
03 新加波河	08 駁船碼頭	● 新加坡（首都）
04 丹戎巴葛	09 金沙酒店	道路交通
05 牛車水	10 加冷河	

土地面積 約724,4平方公里

人口數 約5,638,676人

語言 英語、華語、馬來語、坦米爾語、克里奧語

族群 華人、馬來人、印度人、其他

宗教 佛教、印度教、伊斯蘭教、基督教、道教與華人民間信仰

夜間野生
動物園
柔佛
海峽
10
03
09
01
02
新加坡
環球影城
裕廊島
毛廣島

在新加坡著名的金沙酒店觀景台上，不僅有經常出現在影劇畫面中的無邊際游泳池，還有瞭望平台可以讓旅客享受璀璨輝煌的夜景。而在一片奇光異色中，最引人注目的莫過於巨大的天空樹（SuperTree Grove），這些人造的樹塔狀建築，會在白天時吸收儲存太陽能，到了夜幕垂臨時，則轉而成為照亮新加坡濱海灣夜空的燈光秀，讓匯聚至此的各國觀光客，無不讚嘆新加坡的美麗、科技與進步。

對於一個過客而言，讚頌眼前的美麗很容易，不需要付出任何沉重的代價。因為我們鮮少會特別注意到，這些國際聞名的現代化景觀，以及光鮮亮麗的進步科技，大多是建立在人造的基礎之上。甚至連這些景觀底下的土地，都不是天然形成，而是經由「填海造陸」而來的。

填出來的「新加坡夢」

早在英國殖民時代（一八一九——一九四二年），新加坡已經開始有零星的填海造陸案例。將新加坡納為英國殖民地的萊佛士（Sir Thomas Stamford Bingley Raffles），於一八二二年在新加坡河南岸開啟了新加坡歷史上第一個填海造陸工程，而且這個填海造陸的案子，實際上是與都市計畫一起施行的。

萊佛士當時在新加坡進行的城鎮規劃，稱為「萊佛士城市計畫」（Raffles Town Plan），計畫中原先預計做為商業區的地點，由於周遭水域深度不足，無法讓船隻靠港，因而作罷。後來新的選址點克服了船泊吃水深度

01 濱海灣花園的天空樹景觀。（圖：PIXTA）

萊佛士爵士

萊佛士（Sir Thomas Stamford Bingley Raffles）是新加坡第一任殖民總督，一八一九年登陸新加坡，新加坡建立為自由港，作為英國向東亞勢力擴張的基地之一，被認為是奠定了新加坡全球化開端的重要政策。萊佛士也在一八二二年推出都市規劃，將不同族群居住地分區，並將不同地區規劃做不同用途，設立行政中心等等。一八二四年萊佛士因健康原因返回英國，並在兩年後去世。新加坡在敘述自身發展史的時候，通常會將萊佛士登陸新加坡視為新加坡近代史的開端，也設立萊佛士雕像於市區，紀念萊佛士的貢獻。

的問題，卻是一片很容易淹水的沼澤地，於是殖民當局雇用了三百多名苦力，剷平附近的一座小丘，並利用小丘的砂石填平這塊沼澤地，整個工程耗時約四個月，形成今天新加坡地圖上的「駁船碼頭」（Boat Quay）。至於原本的小丘址，則成為今日作為中心商業區的的「萊佛士坊」（Raffles Place）。

接著在一八八〇至一九三〇年代間，包括直落亞逸（Telok Ayer）、丹戎巴葛（Tanjong Pagar）在內的區域，都曾經歷過小規模的造陸工程；已經走入歷史的加冷機場（Kallang Airport）也是經由填平加冷河與芽籠河河口而來。不過受限於當時的工程技術，這些造陸計畫的規模都不是非常大，造陸的砂石也大多是就近取材。根據相關資料調查，英國統治期間，總共只造了約三平方公里的陸地（大概是臺灣一座龜山島的面積）。

相較之下，新加坡從一九六五年獨立後，造陸面積即大幅增加，從原本土地大小約僅五百八十一平方公里（大概兩個臺北市大），到了二〇一八年，多填了超過一百三十平方公里的陸地（半座臺北市）。換句話說，目前的國土有超過二十%是填海造陸出來的。

此外，新加坡的填海造陸計畫以半個世紀為期來策畫，每十年會進行一次檢討。在二〇三〇年以前，新加坡政府預計讓國土大小提高到七百七十七平方公里，換言之，新加坡將會再填出五十二・八平方公里的土地，大概比一座蘭嶼（四十八・四平方公里）再大一點。

01 | 01 俯視新加坡河、萊佛士坊，圖左上為知名的金沙酒店。（圖：wiki©William Cho）

打從獨立建國以來，新加坡政府對於國土狹小這件事一直非常在意，也不斷向人民提醒新加坡的「迷你」有多麼不利於這個國家的競爭與發展，透過如此憂患意識的培養，新加坡政府將這樣的論述上昇到人民應當如何與政府「共體時艱」，配合政府為了國家發展所做的限制，包含政府擁有大部分土地的所有權等等。因此，擴大領土的必要性，很少會受到新加坡人民的質疑，國家要強、領土便要大的意識形態，根深蒂固於社會。

新加坡集體追求國土擴展的態度，可以從具體事物中看見。如果我們沿著眾多旅客的腳步，到牛車水的麥士威美食中心造訪品嘗知名的海南雞飯後，再走進隔巷的「城市規劃展覽館」（Singapore City Gallery），可以看見新加坡政府向來自全世界的旅客展示新加坡的野心：展覽的主題以「small island」（小島）與「big plans」（大計畫）貫穿，其中很大一部分的展區裡頭，規劃此館的都市重建局直接了當地展示該國預計如何「填海造陸」。

新加坡獨立建國

新加坡在一九六三年經公民投票與馬來亞合併，組成了馬來西亞聯邦。主流觀點認為，兩地合併後，新加坡以華人為主的人民行動黨會威脅馬來人主導的中央政府。與此同時，因為見到馬來西亞聯邦成立而被激怒的印尼，發動了與馬來西亞之間的政治對抗，發生多次暴力衝突，更被認為在一九六五年派遣特工到新加坡發動恐怖攻擊，成為壓倒駱駝的眾多稻草之一。同年馬來西亞首相東姑宣布兩地分歧過大，將新加坡逐出聯邦，新加坡因而獨立。

01

01 新加坡填海示意圖（改繪自路透社資料圖片）

獨立後，新加坡的第一個主要填海造陸的地點選在東海岸，比起英國人進行的小型造陸計畫，新加坡一出手就要造出「五倍」大的土地面積。這個計畫又稱為「大造陸」（Great Reclamation），預定新增一共十五．二五平方公里的土地。從一九六六年開始，分成七個階段，由建屋發展局（Housing and Development Board）主責，填出來的土地主要用於商業或住宅目的，填材則來自新加坡自身的國土。整個計畫時間橫跨了三十年，長期進行下來，已經大幅改變了新加坡東部的海岸線。

除了建物發展局外，隸屬於政府的開發商裕廊集團（Jurong Town Corporation，JTC）以及新加坡海事及港務管理局（Maritime and Port Authority of Singapore）則是另外兩個主要填海造陸的機構，他們主責的造陸工程，目的是

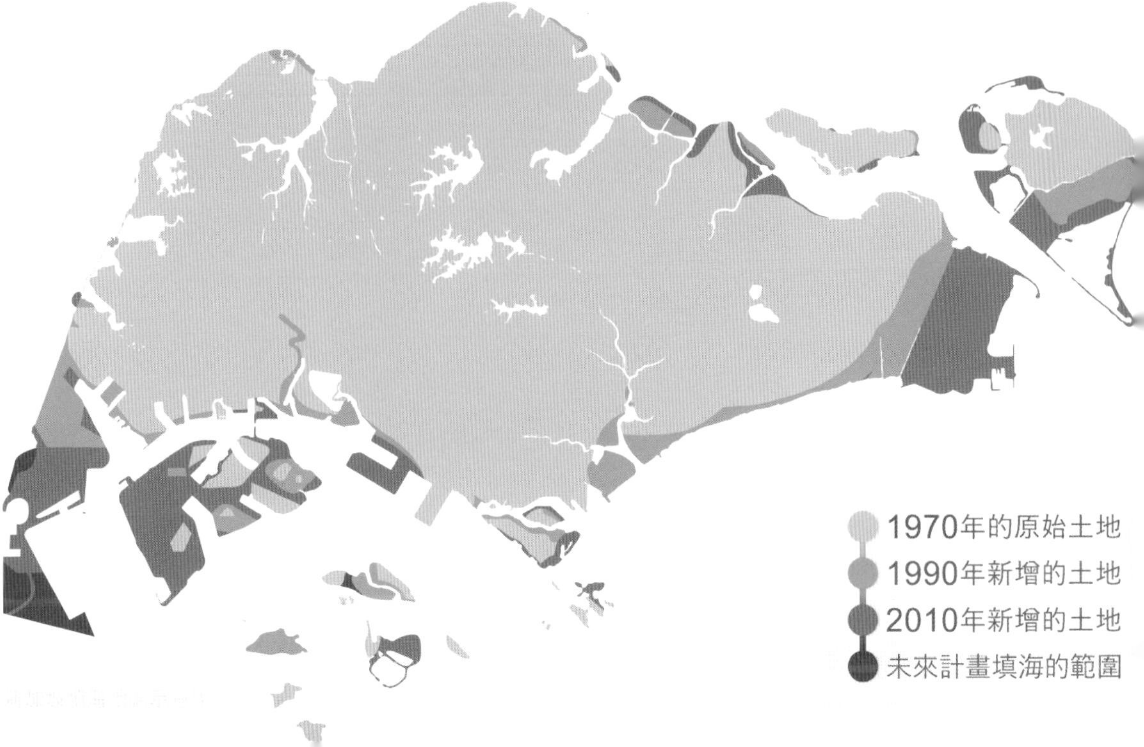

新加坡土地面積變化

資料來源：Data.gov.sg

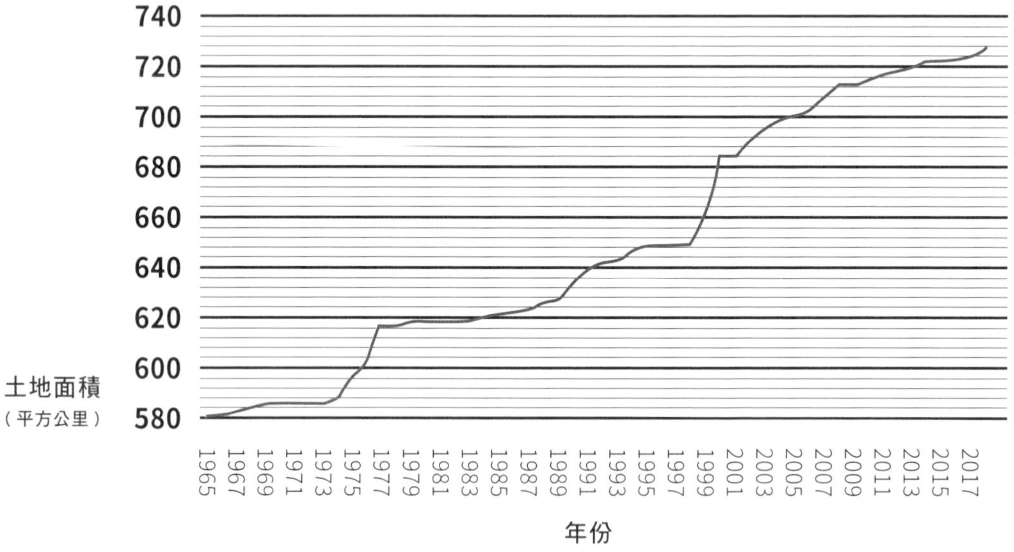

為了工業開發、交通（建機場）與支持對新加坡相當重要的船運業。

務實面前，一切合理

一九八三年，新加坡的官方媒體《海峽時報》發布了一則報導，內容寫道：「七階段的填海造陸計畫將在一九八五年結束，屆時我們將以六億一千三百萬新幣（約一百三十五億臺幣）的成本，從大海手中贏得一千五百二十五公頃的土地。」（When the last of this seven-phased reclamation is finished in 1985, a total of 1,525 ha will be won from the sea at a cost of $613 million.）這段描述可以說透露了新加坡政府相信「人定勝天」的基本思維，新加坡的「天生缺陷（國土小）」，可以藉由一筆預算加以克服。

李光耀

新加坡的第一任總理，在一九五四年與友人籌組了人民行動黨，參與一九五五年自治政府的首屆大選，當選了立法議會的議員。為了向英國爭取新加坡更高度的自治，李光耀與馬來亞共產黨合作，隨後在一九五九年的自治邦大選中，人民行動黨大勝，成為第一大黨，李光耀進而成為總理。一九六五年，因為李光耀與馬來西亞聯邦政府之間的政治分歧，新加坡（被）退出聯邦而獨立，李光耀當時在電視機中流下眼淚的畫面，被認為激起了新加坡人的存亡意識，但也有人認為一切都是李光耀想獲得更多政治權力的算計。

李光耀在政治作風上有許多爭議，除了被批評專制外，也有不少爭議，李光耀在日本佔領新加坡時期，替日本軍方辦事；他在成為自治邦總理後，迫害過去合作的馬來亞共產黨，以反共名義逮捕異議份子與政敵（史稱「冷藏行動」）；在內政上，李光耀曾經信奉優生學，補助高學歷女性生育，卻資助低學歷女性接受絕育手術，但後來因為反彈過大而作罷。

在「建國第一代」的新加坡人心目中，新加坡開國首任總理李光耀，是帶領新加坡走過風雨飄搖、轉而成為國際大都會的領導者，無論是言論自由緊縮或是政府徵用土地，都被視為維繫這蕞爾小國的「必要之惡」，務實主義已然深深銘刻進新加坡人的國家意識之中——只要是為了這個國家好，沒有什麼是不行的！更何況是在環境保護意識尚未抬頭的年代，「填海造陸」這種看似毫無壞處、只有好處的政策，完全沒有執行上的疑慮。

不可諱言地，填海造陸此一手段確實協助新加坡解決了許多小國家的麻煩，比如不需要將原本就侷限的土地挪給國際機場使用；如果在既有土地興建機場，勢必會影響週遭土地利用，而額外填海獲得的土地，則不受此限，更能盡情地配合政府要將新加坡打造為東西方之間窗口的國家方針，不斷擴建機場。譬如，早在一九八九年樟宜機場第二航線都尚未完工時，新加坡內閣就已經核准了第五航廈的填海造陸計畫（預計在二〇三〇年完工），對比臺灣桃園機場第三航廈的擴建尚需迫遷居民等等，在不考慮環境成本的情況下，填海造陸似乎是個非常快速有效率的作法。

有文化評論家認為，新加坡是一個「不斷否認自己是個島嶼的島」（Singapore is an island trying to deny its own "islandness"），不僅千方百計要克服國土小的問題，本應親海的島民，與海的距離卻非常遙遠。如果實際住過新加坡的人，應該會發現，儘管新加坡的的確確是個島，大多數人卻很難接近自然海岸。據估計，新加坡只有七點五％以下的海岸線，是一般人有辦法進入的[1]。打開旅遊網站所宣稱的新加坡五大、七大海灘云云，會發現這些海灘絕大多數都坐落在「聖淘沙・環球影城」所在的離岸樂園島。而本島內最值得推薦的沙灘，竟然是填海造陸而成的東海岸公園。

如同新加坡人向來自嘲的「驚輸」（kiasu）精神，新加坡的社會學家蔡明發[2]曾評論，在執政黨多年的論述下，「成功」已經是新加坡身分的成分，新加坡打從血液裡就必須是個成功的國家，不僅要有全世界最好的航空、全世界最好的機場，還要脫亞入歐。種種關於成功、怕輸的論述，也反映在李光耀所發下的豪語中：從第三世界躋身第一世界國家。

而在長達五十幾年的一黨執政下，新加坡人認為能帶領他們走向成功的，自然是執政的人民行動黨；長年以來即便新加坡有反對黨，卻未曾能夠創造翻盤式的民主奇蹟，就連年輕選民也卻步向前，深怕換了一個黨，新加坡也許就會失敗——毋寧說，新加坡人是被嚇大的。

時至今日，多個「填海造陸」的大型工程仍在進行，這種在許多國家都會招致環境保護人士強烈抗議的重大工程，在新加坡，卻因

註1 William Jamieson, "There's Sand in My Infinity Pool: Land Reclamation and the Rewriting of Singapore," GeoHumanities 3, no. 2 (July 3, 2017): 396–413, https://doi.org/10.1080/2373566X.2017.1279021.

註2 Beng Huat Chua, "Singapore as Model: Planning Innovations, Knowledge Experts," in Worlding Cities: Asian Experiments and the Art of Being Global, ed. Ananya Roy and Aihwa Ong (John Wiley & Sons, Ltd, 2011), 27–54, https://doi.org/10.1002/9781444346800.ch1.

為這個國家種種對於自我的不滿足，得到合理化，沒有遇到過多的反彈聲浪。

無限的夢，有限的砂

不過新加坡係一彈丸之地，究竟哪來那麼多砂石可以填海？對於這個國土小、自然資源又稀缺的地方，自然只能仰賴「進口」，也因此，新加坡政府的填海造陸計畫，直接影響到了鄰國的環境與資源的輸出。

《外交政策》（Foreign Policy）的專題報導指出，填海一平方公里，需要三千七百多萬立方公尺的砂石，相當於放了三座半的紐約帝國大廈進去。新加坡填海造陸計畫使用的原料，有些來自本地的礦場與海床，有些則是挖掘隧道後產生的砂石，但這蕞爾小島的土方終究無法滿足自身需求，於是，新加坡成為世界最大的砂石進口國，重度仰賴進口鄰國的砂石。

由於從鄰國購買能節省運輸成本，馬來西亞與印尼都曾經成為新加坡重要的砂石供應國。不過，隨著新加坡國土的擴大，這兩個國家開始擔憂：有朝一日，新加坡的土地會大到非常貼近馬屬與印屬的島嶼。

同時，也因為馬、印兩國開始進入大興土木的建設階段，砂石內需增加，於是在一九九七年，馬來西亞首相馬哈迪禁止了兩國間的砂石交易。數年後，先有馬國的媒體砲轟輸出砂給新加坡是「出賣國家」，又有媒體質疑，新加坡的填海造陸計畫將威脅到柔佛的經濟成長——柔佛是馬來西亞最靠近新加坡的州。

隨後在二〇〇三年，馬來西亞再度針對新加坡於大士（Tuas）與離島德光島（Pulau Tekong）的填海造陸工程，一狀告上國際法庭，罪狀是新加坡侵犯領土及破壞柔佛海峽的海洋環境，造成柔佛漁民漁獲量減少、馬屬船隻損壞等；兩國先後舉行多次雙邊協商，並在二〇〇五年達成和解。

01 01 新加坡東海岸公園景致 圖：PIXTA

不過，新馬之間的砂石糾紛並沒有就此告一段落，二〇一〇年馬國媒體《The Star》追蹤發現，短短三年的時間，就有價值數百萬令吉[3]的砂石經非法途徑運送到新加坡，同年，更有三十四名馬來西亞公務員，因接受砂石走私業的賄賂與性招待而被逮捕。

所謂的砂石禁令似乎從未真正到位，一九九七到二〇〇二年之間，馬來西亞政府呈報給聯合國的資料顯示，新加坡在這期間總共支出九百萬美金向馬來西亞進口砂石，新加坡通報的資料更誇張，他們聲報共花費了五億九千五百萬美元來向馬來西亞進口砂石。面對這些內幕的揭發，新加坡政府卻認為，出口商提供的砂石開採牌照真假以及是否合法，屬於「他國內政」，新加坡沒有義務去追究中間的落差與真相。

有趣的是，二〇〇三年開始，也就是馬哈迪卸任馬來西亞首相職務的那一年，馬來西亞出口的砂石量統計資料，才終於顯現禁令生效了：原本佔了新加坡進口量九成的馬來西亞砂石，由印尼的砂石所取代。只是這個情況僅維持了四年左右，二〇〇七年印尼也不想做這門生意了，宣布禁止一切類型的砂石出口。

事隔將近二十年，馬來西亞政府在二〇一六年取消了砂石出口禁令。光是二〇一八年單個年度，聯合國的資料顯示新加坡以三億四千七百萬新幣（約七十三億

註3 馬來西亞發行的貨幣。一令吉約等於七．二元新臺幣。

新加坡通報自馬來西亞進口之天然砂石量

資料來源：聯合國 Comtrade 資料庫

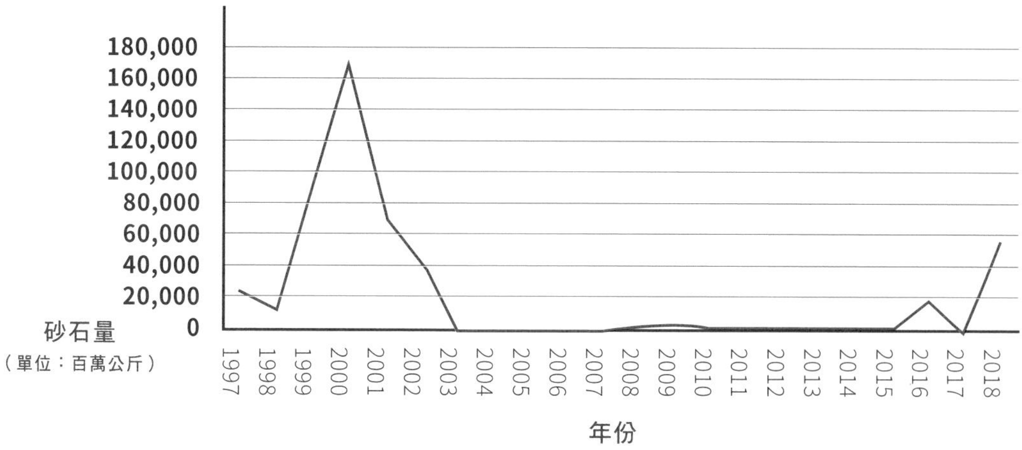

新台幣）的支出，一共從馬來西亞進口了多達五千九百萬噸的砂石。

二〇一八年馬哈迪重新回鍋擔任大馬首相，據《路透社》指出，一向被認為對新加坡不友善的馬哈迪，對於馬來西亞繼續出口砂石給新加坡感到不悅，他認為馬來西亞正在消耗自身的土地來強大隔壁的有錢鄰居。馬哈迪的擔憂不是空穴來風。光是在二〇一八年，新加坡的國土就又成長了二點七平方公里（差不多是多了一座龜山島的大小），是這十年來成長最快速的一年。

於是，二〇一九年，馬哈迪再次祭出自己二十多年前的禁令，下令馬來西亞禁止一切砂石出口。儘管馬哈迪政府一再聲明此舉不是衝著新加坡而來，但是考量到大部分馬國砂石的出口是銷往新加坡，這一舉動很難不去牽動新馬之間的外交敏感神經。

來自鄰國的砂石來源斷絕後，新加坡政府並沒有因此停止透過填海來成就「新加坡夢」，反而將目光轉移到其他區域，如中南半島的柬埔寨、越南與緬甸等地。儘管必須支付更多的運輸成本，但新加坡不會放棄任何讓國土成長的機會。

進口越南砂對當地生態的影響

新加坡政府首先考慮的砂石輸入國是越南。越南政府自二〇〇九年起，因為環團的抗議而一度停止抽砂，二〇一三年卻又鬆綁規定，授權十家特定廠商在特定條件下輸砂。

過去，作為一個需要資金的發展中國家，越南在未經縝密規劃的情形下，出口高達六千七百萬噸的砂石；儘管後來採取證照制度，獲得許可的輸砂廠商卻被踢爆並未自己抽砂，而是將許可權以各種形式「販售」給其他公司，於中間賺取利潤。

龐大的抽砂業者主要集中在越南中部，在可觀的利益體系下，受苦的往往是當地居民。

舉例而言，文峰灣（Van Phong Bay）的一項抽砂計畫在二〇一六年受到居民激烈抗爭而停擺，許多仰賴捕撈龍蝦維生的越南漁民，因為抽砂導致的水質惡化，面臨捕不到龍蝦的困境，甚至部分民宅因為抽砂造成海岸倒退，而有崩塌毀壞的危機。

越南《青年日報》的記者[4]，秘密喬裝成觀光客，偷窺目擊到本來出現在越南的輸砂船，竟然輾轉於新加坡的工程基地現蹤。最詭異的是，砂石的單位出售價格與實際合約上所載明的，有顯著的落差。舉例來說，其中兩艘往新加坡出口砂石的船隻，為了逃稅，德龍進出口公司（Duc Long Co）向海關申報的價格是每立方公尺一點三美元，但合約上寫的交易價卻是四點六美元。面對記者的登門拜訪，這家貿易公司的負責人只承認合約價確實為四點六美元，但拒絕評論有關於價差的任何提問。

當新加坡媒體憑著這則《青年日報》的專題，詢問新加坡國家發展部的發言人，得到的回應僅是：「我國政府嚴格控管，以確定合約簽署方提供給新加坡的砂石，符合所有來源國的規範。」

由於越南目前也正處於快速發展，二〇一七年，越南政府的建材主管機關召開記者會，警告工程用的砂石將在二〇二〇年之前消耗殆盡，同時也要求建設部開始停止向外國輸砂，抽砂業者到期的許可證將不再展延。

註4 "Tracing Vietnamese 'sand drain' to Singapore – P1: Where do the ships go?," Tuoi Tre News, March 2, 2017, http://b1.tuoitrenews.vn/news/features/20170302/tracing-vietnamese-'sand-drain'-to-singapore-–-p1-where-do-the-ships-go/18247.html.

牽涉複雜政商利益結構的柬埔寨砂

隨著馬、印、越三國都在砂石出口上祭出程度不一的限制，柬埔寨成為了新的砂石進口替代國。

二〇〇九年，柬埔寨首相洪森因為「不想成為柬埔寨環境惡化的歷史罪人」，而祭出砂石出口禁令，卻耐人尋味地留下了一個例外——「阻擋水路的砂石可以開採」——聽起來很合理，但是誰來定義什麼樣的砂石「擋人水路」？

此外，大家也懷疑，家族企業跨足砂石開採業的洪森，是否能夠拋開自己的裙帶利益，真心為了環境保護發聲？例如洪森姪女的公司，在湄公河長達四公里河畔享有抽砂權，對此洪森卻表示：那是為了解除湄公河岸土石鬆動的問題，並且要促進航運。

關注環境議題的國際組織「全球見證」（Global Witness），便在二〇一〇年出版了一份報告，名為《漂移的砂：新加坡對柬埔寨砂石的需求如何破壞生態系統與良善治理》（Shifting Sand: How Singapore's demand for Cambodian sand threatens ecosystems and undermines good governance）。在報告中，「全球見證」指出，儘管檯面上柬埔寨政府是禁止砂石出口，但這個政府卻在實際作為上推動了抽砂產業。

據「全球見證」的資料，光是柬埔寨一個省的砂石，一年就能在新加坡售得約兩億四千八百萬美金的產值。這個不斷持續進行的產業，並不只是純粹的商業行為，一些柬埔寨抽砂業者的營業許可上，竟然有新加坡駐金邊（柬埔寨首都）大使館官員的用印，亦即新加坡政府明知柬埔寨官方已明文禁止砂石出口，卻仍然與柬埔寨抽砂業者交易。

「全球見證」質疑，總是自詡重視「可持續發展價值」的新加坡政府，為何對於周遭國家的環境議題漠不關心，甚至明知不可為而為之，成為破壞環境的共犯。他們還發現砂石買賣的契約，其契約締結雙方便是柬埔寨的砂石開採業者與新加坡裕廊集團（JTC），也就是我在前面曾提過的國有開發商，填海造陸的主要負責方之一。

面對「全球見證」的詢問，新加坡政府只在回應中指出，所有的砂石交易都是非政府的私人商業行為，新加坡政府在當中沒有扮演任何角色，即便是國有色彩濃厚的裕廊集團參與其中，也不被視為代表政府，將所有責任推得一乾二淨。

為了揭開砂石業的弊端，柬埔寨的環保團體「Mother Nature」雇用了一間新加坡律師事務所，協助調查兩國砂石運輸的非法開採機密，並準備利用蒐證資料，向新加坡政府提告。「Mother Nature」創辦人 Alex Gonzalez-Davidson 不諱言，他們最終目的就是要讓新加坡政府覺得從柬埔寨進口砂石會「惹得一身腥」，進而停止從柬國購買砂石。

根據聯合國的統計資料指出，二〇〇七至二〇一六年間，新加坡一共從柬埔寨進口了市值七億五千兩百萬美元、七千兩百萬噸的砂石，然而柬埔寨官方登記的，卻只有五百萬美元，有超過七億四千萬的價值從中蒸發。

專研柬埔寨砂石開採的地理學者勳伯格（Schoenberger），在「皇家地理學會」年會中嚴厲指出，大部分的柬埔寨砂石出口都是非法的，從新加坡的進口數據就能知道柬埔寨的資源正在快速地消失，而且很明顯的，一些與柬埔寨政府高層有良好關係的人從中賺取大量財富。

勳伯格也認為，像新加坡這樣一個富國所擁有的土地擴張野心，卻是建立在使用相對較貧窮鄰國的自然資源，並且這個自然資源還不是可再生的，這樣的跨國砂石交易是充滿著社會不正義的掠奪行為。

面對「Mother Nature」的質疑，柬國政府將矛頭指向非法開採，撇清一切政府需要負擔的責任，聲稱毫不知情，且已經盡力清除國內一切非法開採活動，最後再將球丟給了新加坡政府。

然而，柬埔寨人權中心的報告卻再度披露柬國政府玩弄兩面手法，一方面禁止砂石開採，一方面又持續販賣開採牌照給業者，隨後再對他們開罰。「Mother Nature」指出，光是二〇一五年，柬國政府就透過這樣的手法，包含牌照費、罰款等等，賺進了七百七十萬美元的收入。

與越南的情形相同，開採砂石對海洋環境造成的劫數，直接影響到柬埔寨當地人的生計。柬埔寨漁民抱怨，砂石業者的所作所為已經嚴重導致他們的魚蟹收成降低，抽砂船外洩的油污染也讓漁船的捕撈作業受到直接影響。《今日東協報》（ASEAN Today）採訪了一位西南方小島 **Koh Sralau** 島的漁民，他過去每天捕蟹可以賺進五十元美金，但是自從砂石開採活動影響海洋生態後，魚蟹的捕獲量不斷下降，現在他每天賺不到十元美金。此外，《今日東協報》發現，水質汙染後造成的食安問題，讓鄰海居民的生活基本所需受到不小的影響，甚至能造成大規模的遷村。可議的是，這些進行抗議行動的柬埔寨人，有些竟然遭到政府的恐嚇或甚至逮補。

面對質疑，柬國礦物能源部的發言人只說，每個國家與機構都有不同的規則、不同的資料紀錄方式，所以他無從得知，究竟是聯合國的登記系統有錯，還是新加坡或柬埔寨的紀錄有誤，礦物能源部不宜對有關事務進行評論。

新加坡國家發展部也再次跳針：「我國實行嚴格措施確保本地砂石供應商符合現有條例，供應商必須持有從獲准地區採砂石、遵守採購地環境保護法律，及擁有合法砂石出口准證等相關文件。」

Mother Nature於是發起連署，製造輿論壓力，要求柬埔寨政府確實禁止砂石開採，他們要新加坡政府知道，新加坡做為區域的砂石進口中心，直接影響了柬埔寨人民的生活環境。此舉雖然沒有撼動新加坡政府，但是柬埔寨政府宣布了基於環境保護原因，決定全面禁止出口砂石。

柬埔寨發佈禁令的消息一出，引起許多人在網路上發表看法，但幾乎無法見到新加坡網友譴責新加坡政府，反而大多將責任歸於柬埔寨，譏諷柬埔寨想靠禁令威脅新加坡，抑或是坐地起價。不少網友認為新加坡並不是「偷走」柬埔寨的砂，而是正大光明用錢買來的。其中有一個網民留言寫道：「如果柬埔寨的砂石賣到了很好的價錢，我不明白為何不值得他們犧牲一點海岸生態呢？」當然，並不是所有的新加坡人都這樣想，不過，這則留言清楚反映了新加坡社會中主流的意識形態：在國家利益面前，小國（或貧窮國家）沒有本錢去為了那些枝微末節的小事而阻礙任何發展國家的機會。

新加坡，區域的環境保育先鋒？

諷刺的是，新加坡一向自詡為東南亞區域的環境保育領導者，也在牽涉到自身環境的「跨國霧霾議題」上，不遺餘力地譴責鄰國焚林作為，呼籲印尼當局處理非法焚燒林地，要求透過「東協」解決霧霾汙染。然而，有關砂石開採議題所牽扯的他國環境退化上，新加坡卻三緘其口，在在強調他們一切依法行事，對於砂石輸出國內部的事務無法插手。

柏林經濟法學院（Berlin School of Economics and Law）的學者Maria Franke，在二〇一四年的研究報告中抨擊，搾取自身砂石賣給新加坡的國家，舉凡印尼、柬埔寨或越南，都是這個區域中的發展中國家，然而這個輸砂的貿易過程，卻沒有讓這些國家變成更有發展；相反地，他們在許多方面承受諸多成本，結果卻是將新加坡送到更高的位置，她還說：「（新加坡）忽視（砂石）出口國的社會經濟成本，以便於自己有更進一步『廉價』的成長，在通往核心大國的梯子上，爬得更高。」

但新加坡政府始終將進出口活動推卸為為私人企業商業契約的責任，而政府只確認相關文件是否合法，卻忽略就算是私人企業的商業行為，最終砂石的去向，也是為了填出政府的「新加坡夢」。在跨國貿易中，新加坡作為知道買到「贓物」

東南亞的跨國霧霾議題

為了快速獲得種植棕櫚樹等經濟作物的土地，印尼每年會進行「火耕」，其中許多是非法活動。富含有機質且潮濕的泥炭土悶燒後會產生森林大火，導致大範圍的霧霾散布到周遭國家，包含新加坡。二〇〇二年，亞細安國家簽署《跨邊界霧霾汙染東協協議》（ASEAN Agreement on Transboundary Haze Pollution），現實中，成員國將國家主權置於區域利益之上，使得跨國合作沒有明顯的效果，引發新加坡多次向印尼政府抗議。

的買家，即便沒有明確的法律責任，也似乎認為自身毫無一絲道德責任。

柬國停採砂石後，新加坡隨即宣布，對於德光島西北部的填海計畫，將改採用荷蘭「攔海拓地」（polder）的做法，原因不是新加坡終於「良心發現」，而是面對鄰國紛紛停止輸砂，新加坡必須想辦法減少仰賴外國自然資源。「攔海拓地」是透過築堤封閉一塊水域，慢慢將水抽乾形成陸地，據信耗資較低、可以減少需要付出的環境成本。

二〇一九年的國慶演說中，新加坡總理李顯龍提到，新加坡的重要地區大約距離海平面僅四公尺，警告海平面上升將會危及新加坡這個低地島國的存亡。李顯龍將全球暖化與國家安全視為相等重要的議題，告訴新加坡國人，新加坡政府必須砸下大筆經費來保衛新加坡的海岸線，具體措施包含攔海拓地與填海造陸。再一次地，這些向大海聲討土地的決策被氣候變遷下的亡國感合理化。

來自藝術界的反思

儘管填海造陸有如此多生態危機、跨國走私的問題，但為了成就偉大的「新加坡夢」，這些「小事情」都可以透過一些政策論述上的修辭去解決。長期浸淫在這種發展論述之中，新加坡人認為即便填海造陸有許多負面影響，但是對新加坡這樣的小國而言，沒有第二條路可以走了。

雖然民間沒有太多的反彈聲浪，不代表沒有任何省思的聲音。例如新加坡的導演楊修華，即透過電影作品《幻土》（A Land Imagined），隱晦地呈現對於填海造陸衍伸問題的反思。這部電影以其藝術性及思考批判性，在盧卡諾影展[5]得到最佳影片金豹獎，成為新加坡影史上最光榮的影片之一。

《幻土》的故事場景，就發生在新加坡填海造陸的工地中，由一名新加坡警官尋找一位失蹤的中國籍移工的情節，逐步開啟影片所要帶領觀眾探討的問題核心：填海造陸的「虛幻性」。導演楊修華曾說：「之前我們的片名叫做『幻想國土』，幻就是一種幻想，那土地呢，可以說是人幻想出來的。班納迪克．安德森寫的《想像的共同體：民族主義的起源與散佈》[6]討論了我在講的東西——關於一個國家要怎麼想像自己出來。」

填海造陸作為維繫「新加坡夢」的手段之一，需要透過論述強化於每一個國民心中。填海造陸之所以重要，之所以能被新加坡人認同為不得不的發展選項，是因為填海造陸直接與新加坡這個國家的存亡連結在一起。而影片中以填海造陸的中國移工為開端，應是導演有意識的直接破壞填海造陸與新加坡的連結關係。因為填海造陸這件事，用的是外國的人、填的是外國的砂，最終的成果，卻被當成新加坡的驕傲。

註5 每年八月在瑞士盧卡諾舉行的國際電影節，是世界上歷史悠久的電影節之一。

註6 班納迪克．安德森著，吳叡人譯，台北：時報，二〇一〇年。

另外一位新加坡藝術家林育榮（Charles Lim），在其《海況》（Sea State）一系列的展覽中，用多媒體的形式關注了填海造陸的議題。"SEA STATE" 除了指海況外，字面意義也指向海洋國家。林育榮曾是參與奧運帆船運動賽事的選手，面對大海，他特別有感觸，對他而言，新加坡雖然是一個海洋國家，卻有著陸地國家的思維：只將大海視作提供資源的場域，未曾正眼瞧過海洋。此外，他引用印尼古語「海洋聯合了我們，而陸地則分裂了我們」（the sea unites and the land divides），藉著他的展覽影射亞細安（臺灣稱「東協」）內部國家之間角力的狀態；亞細安有許多會員國是海洋國家，非但沒有因為海洋而形成共同體，反而因為追尋發展、為了「把海洋變成陸地」，彼此之間鬧得不可開交。

新加坡媒體的藝評這樣介紹林育榮的展覽[7]：「對於居於島嶼國家的我們而言，大部分與海洋沒什麼太多關係，海洋就作為一個背景在那邊——我們慢跑經過的背景、在旁邊烤肉的背景等等。但對於林育榮而言，如此詭異冷漠的關係，卻是他十年計畫的起點。」這個藝評很精準地打破我們對於小島的想像，原來對於新加坡人而言，島嶼國家的居民跟「親海」是八竿子打不著的。

註7 Quek, Bruce. 2016. Art review: Charles Lim’s SEA STATE examines our oddly blase relationship with the sea. https://www.todayonline.com/entertainment/arts/art-review-charles-lims-sea-state-examins-our-oddly-blase-relationship-sea [2020年4月13日檢索]

二〇一二年的《海況二：當罪惡消失》展覽，林育榮透過在海圖上發現消失的島嶼「邪惡島」（Pulau Sejahat）展開了他對填海造陸的探討。邪惡島原本是在德光島東北部的一個小島，卻在二〇〇二年與旁邊的小邪惡島（Pulau Sejahat Kechil）一起消失在海圖上，而原本附近的浮標也一起消失。

透過追蹤邪惡島到底去了哪裡，林育榮才發現原來邪惡島已經被德光島的填海造陸工程併吞，變成德光島的一部分。他也質疑，邪惡島不是第一座遭到新加坡政府消滅的、擁有黑暗名稱的島嶼，有如現在光鮮亮麗的樂園——聖淘沙島——過去曾被稱作「絕後島」，卻被改名為意指「寧靜」的聖淘沙。

關於那如同海上燈塔的浮標，政府主管單位卻不知悉為何消失，林育榮找到了浮標製造商，請他們製作了一個一模一樣的浮標，帶到原處的海域放置，沒想到僅僅不到四週的時間，藤壺就已經覆蓋滿了浮標。林育榮指出，我們總以為大海是深不可測的巨大存在，它內部的結構是穩定不變的，所以才會有用浮標指路的想法，然而當一旁的邪惡島被填海造陸所併吞，周遭的潮汐環境改變，海水流動得愈快，藤壺就有更多的食物可以吃，也就生長得愈快，浮標便因為被藤壺所覆蓋，最終沉進海底。

在《海況》所衍伸出的省思中，一般人見到填海前的泥濘地，會認為那是了無生機的死

01 01 聖淘沙島原為軍事基地，如今成為新加坡最熱門的海上樂園。（圖：PIXTA）

地，要透過填補砂石，才能向那樣的死寂告別，迎接具有創造力的新生地。這與填海造陸過程中，順帶收拾掉名稱不光彩的島嶼，有異曲同工之妙。而在此具創造力的工程裡，看似是人類馴化了海洋，告別黑暗，迎向天明，實則上所不能控制的，小到一個浮標，大到區域內海洋國家們彼此間的關係，都在追尋新加坡夢的填海造陸工程中，安放了永無止盡的不確定性。

我們與海的距離

從新加坡的案例，我們可以發現「填海造陸」的思維本質上是「競爭」，這個競爭有好幾個層面：一是與海洋競爭，儘管身為島嶼國家，但海洋不被視為同盟，而被當作敵人；因此人類要從海洋手中贏回土地，再則是將海洋視為氣候變遷下的潛在敵人，需要與其對抗。

二是與現代性競爭，新加坡的發展永遠在與時間賽跑，十年必須做到什麼、五十年必須變得多大，彷彿只有透過這種辦法，新加坡才能維繫自身，取得與其他已發展國家平起平坐的地位。

三是與其他國家競爭，填海造陸不只是簡單的建造陸地，同時也向周遭國家展現新加坡的科技與工程實力，讓周邊國家感受到威脅。新加坡不僅有錢把砂石買走，還有技術能夠創造新的地圖，有實力進犯其他國家的領海。在這個過程中，衍生的政治風暴、人民埋怨或是生態浩劫，大部分都不發生在新加坡，而是砂石的輸出國；如此持續不斷地鞏固了新加坡與其他周遭國家之間的權力體系，新加坡只需要付錢，其他的成本由服務他的人（國家）來承擔。

至於新加坡到底為什麼要「爭」？在新加坡的務實治理邏輯下，人民已經普遍相信，「不爭就會死」的道理。就如李光耀曾提出的著名理論：這浩瀚的世界有如大海，新加坡只是其中一隻小蝦，為了生存，新加坡要做一隻「有毒的蝦」。進一步來說，新加坡不能安於做一個與世無爭的小島，而要加入金錢遊戲的現代性競奪戰爭之中，成為一個競爭者，如果環境議題（比如霧霾）會影響新加坡的經濟命脈，那麼理當要積極面對，反之則否。因為效率與經濟利益勝於一切。

然而，透過藝術家的反思，我們在電影《幻土》看到開採砂石與填海工程都是倚靠跨國謀生的勞工，當他們的生活與夢想一再被泯滅，其實為社會帶來了無形的衝擊和隱憂。而多媒體展覽《海況》則呈現了海洋因填海造陸，發生了一般人不會看見的生態變化。當已開發國家使用開發中國家的資源，戮力追求競爭，造成整個自然、社會環境的改變，新加坡真的能獨善其身嗎？

短期來看，新加坡認定非法開採與出口皆屬他國內政，而使得砂石輸出國未能顧及人民利益與環境保護，最終被內政風暴逼得下令全面禁止出口砂石。當砂石輸出的禁令實施地愈來愈徹底，在消費端受到影響的依然是新加坡的國土願景。

長期來看，填海造陸所造成的影響是無遠弗屆的。據統計，自建國以來，新加坡已經有六十五％的珊瑚礁棲地，因為填海造陸受到破壞[8]。珊瑚礁作為生態系統中的一份子，其消失可能會牽動整個生態系，對周遭海域造成的影響難以估量。

在許多環境保護與國土開發的議題中，不乏有為了追求後者而犧牲前者的「必要之惡」，新加坡的填海造陸只是其中一個例子，每個國家或多或少都有為了發展擴張，而不得已陷入是否要施行「必要之惡」的兩難中。然而，如果我們需要一股力量去讓所謂的「惡」得到更多的檢討與反思，那麼我們應該更加關心國家祭出的各項國土政策或環境計畫，而非一股腦地支持與幫腔，否則失控的不會只是那一塊多填出來的陸地，而是填出那塊陸地所需具備的所有意識形態、政治說辭與權力秩序。

註8 Chou, Loke Ming, Toh, Tai Chong, and Ng, Chin Soon Lionel. 2017. Effectiveness of Reef Restoration in Singapore’s Rapidly Urbanizing Coastal Environment. International Journal of Environmental Science and Development 8(8): 576-580.

Vietnam

邊陲發展

從台塑河靜鋼廠，看越南北中部的社會變遷

文／林佳禾、胡慕情

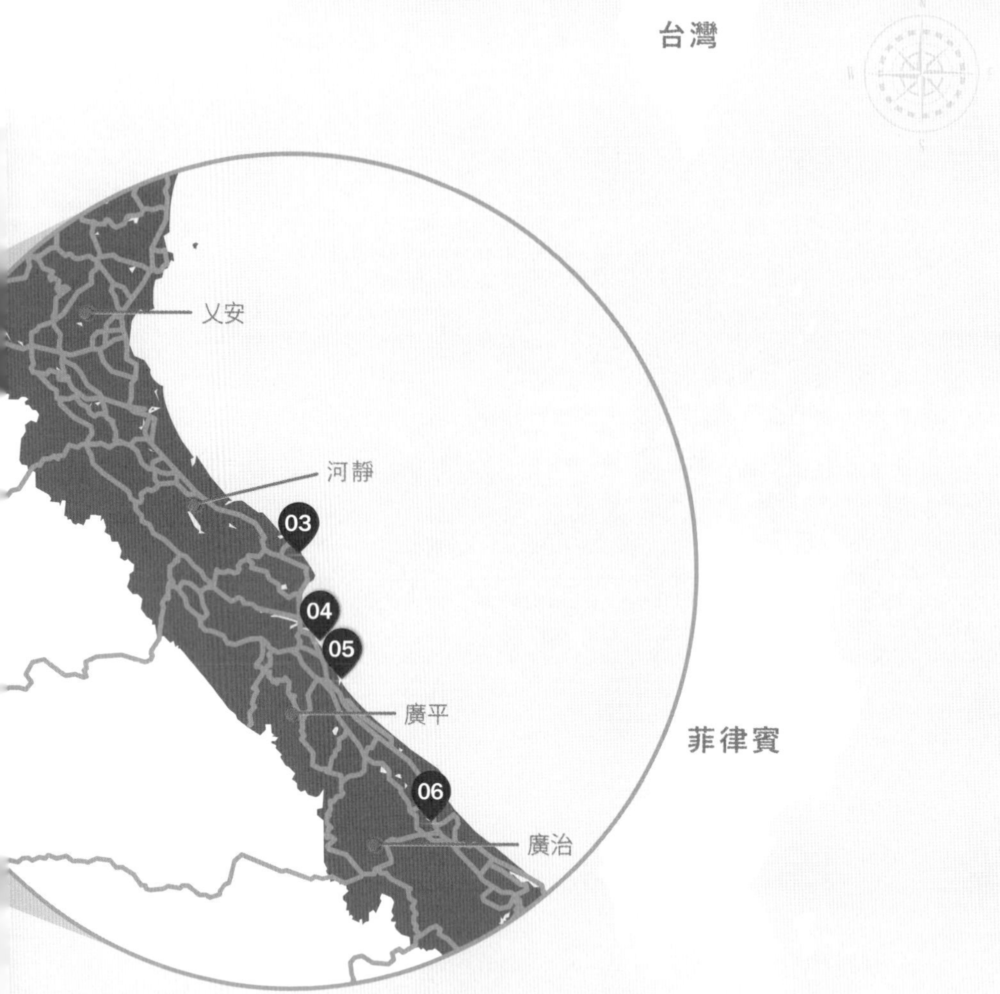

VIETNAM MAP

01 河內(首都)
02 海防
03 河靜鋼廠
04 淨江
05 洞海
06 東河
07 胡志明市
道路交通

土地面積	約331,689平方公里
人口數	約95,540,395人
語言	越語(官方語言)、英語、法語
族群	京族、其他少數民族
宗教	民間信仰、佛教、天主教、基督教、高臺教

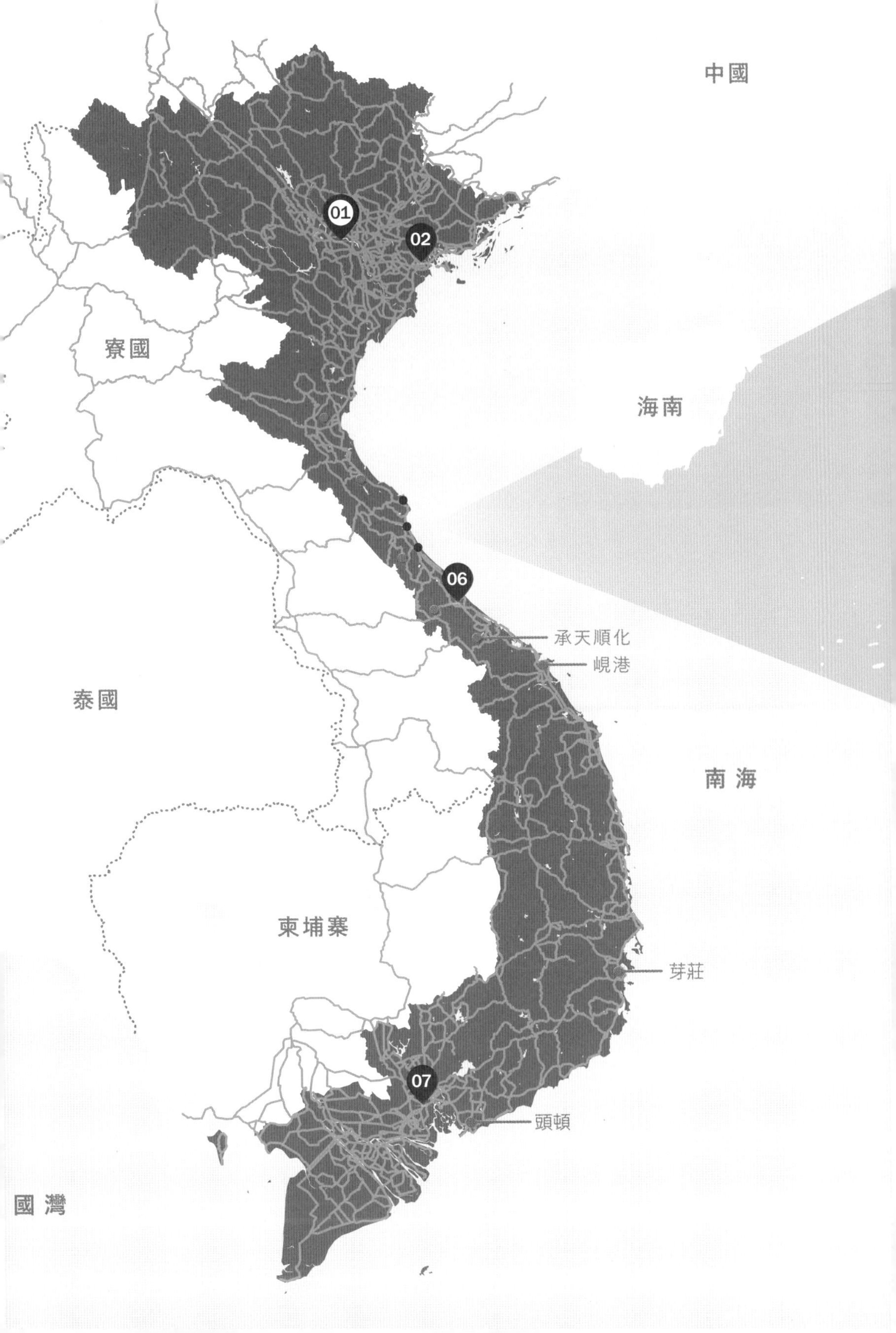
中國
寮國
海南
01
02
06
承天順化
峴港
泰國
南海
柬埔寨
芽莊
07
頭頓
國灣

清晨四點，海面的色調還是冷的。

通常此時，由海社（Gio Hải）的漁夫會和太太或結夥的船腳們，齊力將小船推入海中、躍上船隻。漁夫在灘邊等浪。當太陽從南中國海面閃出橘粉色的亮光，便撐竿一划、向外駛離、追尋魚群。

然而這天海面寧靜。船隻一艘艘在沙灘上停駐。漁民不捕魚。他們換上體面、稱頭的服飾，坐在沙灘，等著三年一次的祈福海祭。誦經奏樂，祭拜三牲四果，等到從清晨至日落的祭典結束之後，漁夫們會送紙糊的小船出航。

北中部：命運多舛之地

這裡是廣治（Quảng Trị）省的由靈（Gio Linh）縣，位於越南人習慣稱呼的「北中部」（Bắc Trung Bộ）地區，也是越南最為命運多舛之地。

02 | 01

01 廣治海岸上的一場海祭活動。（圖：汪佳燕）
02 漁民穿著傳統服飾參加祭典。（圖：汪佳燕）

今日我們所認知的「越南」，其實是一個多民族國家。當前越南官方將境內民族劃分為五十四族，其中京族（越族）佔了近九成，其餘五十三族是所謂「少數民族」，主要分布在內陸地區的高原或山地。以北方的紅河三角洲為根據地的京族，在漫長時間裡不斷嘗試向南邊的沿海地區擴張勢力，構成了官方講述越南歷史的主旋律。

越南擁有極為狹長的領土，除東側擁抱南中國海（以下簡稱「南海」）超過三千公里的海岸線，西側也有三千多公里的陸域彊界落在美國人類學家斯科特（James C. Scott）稱為「贊米亞」（Zomia）[1]的中南半島高地上。在京族人循水路向南推進，最終抵達能深入內陸的湄公河三角洲之前，會有長達一千多公里的航程，沿岸都缺乏寬闊的低地——在他們眼前，贊米亞的山地總是如此地迫近。

註1 李宗義（譯）（2018）。不受統治的藝術：東南亞高地無政府主義的歷史。台北：五南。(James A. Scott, 2009)

這一片夾在山與海之間的「S」型領土，最狹窄的位置就在北中部。尤其河靜（Hà Tĩnh）、廣平（Quảng Bình）、廣治到承天順化（Thừa Thiên-Huế）這四個省份，從海岸線到山區的邊界，距離都不超過八、九十公里，地勢低平的沿岸土地更多半只有一、二十公里寬。

地理上如此窄小的廊道，於歷史上卻擔任非常沉重的角色。十九世紀初越南進入最後一個傳統王朝之前，順化到廣平一帶已有長達兩百多年是南、北紛爭的軍事衝突之地。經歷近百年的法屬印度支那殖民時期，到了二十世紀中第一次印度支那戰爭（越南稱「反法抗戰」）結束後，廣治北部的邊海河（Sông Bến Hả）又成為大名鼎鼎的「十七度線」的南、北劃分界線。

第二次印度支那戰爭（也就是「越戰」）僵持期間，幾次著名的作戰，例如一九六八年春節攻勢（順化戰役、溪生戰役）、一九七二年復活節攻勢（廣治戰役）、一九七三年越門戰役，都讓中部滿目瘡痍。二十世紀美國在戰爭行動中最常被人戲謔的「炸回石器時代」狂言，若曾有什麼時刻接近真實，恐怕就是越戰時期的北中部了。

一九七五年南北越統一後，越南又因為國際社會主義陣營的路線矛盾，先後與柬埔寨、中國發生戰爭；幾乎要到一九八六年實施「革新」（Đổi Mới）開放市場經濟以後，國家內政上才開始對發展的課題有較多著墨。因此，從最嚴重的戰火破壞中尋求恢復的北中部，一直是除了西北部山區和中南部內陸高地之外，整個越南經濟狀況最差的幾個省份。

01 南海的漁業資源是越南沿海地區的經濟命脈。（圖：汪佳燕）

利用越南國家統計局（General Statstics Office of Vietnam，GSO）的數據進行比較，即使到了二〇一〇年以後，排除掉少數民族集中的省份，北中部各省的人均收入幾乎都落在全國最差的末五分之一，只有相對鄰近大城市（峴港）、觀光資源（擁有聯合國世界遺產的古都順化）比較豐富的承天順化，表現勉強中庸。

甚至，即使只考慮農林漁業，北中部各省的收入狀況也普遍都低於全國平均，暗示著就算是相對可以仰賴自然資源的產業，這個地區也缺乏足夠的競爭力。

就漁業而言，南海其實提供越南沿海相當好的先天發展優勢。這片海域只佔地球海洋面積的近一%，但擁有豐富珊瑚礁，孕養超過三千種在地與洄游魚類，經濟價值極大。

一份二〇一五年的研究報告[2]指出，自二〇〇〇年以來，每年從這片海域捕獲上岸的申報漁獲大致都保持在一千萬噸上下，佔全球捕撈總量約十二%，以二〇一二年為例，總值可達二百一十八億美元；如果考慮未申報的捕撈行為，實際漁獲量至少要再往上添六到八成左右。

主權領土跟南海水域接壤的國家或行政區，一共有十二個。前項研究同時也提到，經常在南海上出入作業的漁船，保守估計至少有一百七十七萬艘，達到全球數量的五十五%，其中近九成都是小型漁船，船員總人數大概在三百七十萬人左右。然而，這些數字也都只涵蓋了有記錄可查的範圍。小型漁業的活動，無論是漁船數、船員數或捕撈量，在週邊國家的官方統計中通常被嚴重低估，實際上靠這片海域掙錢的漁人，可能有帳面數字的數倍之多。

越南有超過三千公里的海岸線面臨南海，漁船與船員人數在周邊國家亦名列前茅。我們所遇見的由海社漁夫——乃至於整個越南北中部地區的漁夫，都是南海的獲益者。只不過，他們無法獨佔這片海域，而且在激烈競爭中通常落居下風。

暫且不論其他國家，越南全國的海洋捕撈成績在過去近三十年間年年保持增長，從來沒有下降。二〇一七年全國的漁獲量大約是一九九五年的三・四倍，

註2 Sumalia, R. U. & Cheung, W. W. L. (2015). Boom of Bust: The Future of Fish in the South China Sea. Hong Kong: OceansAsia.

來到了二百四十五萬噸。然而，這些漁獲分布並不平均，兩個主要距離南海深水海域較近的漁獲大區——南中部和湄公河三角洲——就大約各佔了三分之一。

至於北中部，雖擁有近五百公里的海岸線，漁獲量佔全國的份額卻長年在九至十二%之間徘徊，比例偏低。六個省份之中，只有北邊的清化（Thanh Hóa）和乂安（Ngh An）還排得進沿海二十九個省份的前段班；其他四省，除了廣平近年來開始有所突破，河靜、廣治和承天順化，基本上都敬陪末座。

在海祭現場，由海社的漁夫裴丁琴（音譯，以下未註原名者皆同）指著沙灘上的小漁船說，北中部地區有能力到兩百海浬外從事遠洋漁撈的漁民非常稀少；廣治、

02 01 | 01 沿岸漁業通常上岸後直接在海灘進行交易。（圖：汪佳燕） 02 附加簡單動力馬達的小漁船是北中部沿海常見的生產工具。（圖：汪佳燕）

廣平、河靜一帶的漁民，多數從事無動力的沿岸漁撈。裴丁琴擁有的船，一天「最多」能讓他捕獲五十至七十公斤的魚貨，扣除成本，每日收入大約是十五萬越盾（約新臺幣兩百元），實在稱不上豐潤。

正因如此，二〇一六年四月，北中部爆發來自臺灣的台塑集團所投資的河靜大煉鋼廠疑似排放污水，並且向南蔓延超過兩百公里海岸，造成河靜、廣平、廣治與承天順化四省出現野生和養殖魚群大量暴斃的污染事件。對這個地區造成的各種直接、間接衝擊，也就更顯得雪上加霜。

台塑鋼鐵夢，落腳越南經濟區

從河內（Hà Nội）沿一號公路南下，約一、兩小時就會進入清化省。隨著紅河三角洲開闊的地景逐漸從身後隱去，視線所及，一側向海，另一側的長山山脈則一點一點愈顯高大，默默迫近。行過三、四百公里路，會出現一道延伸沒入海中的山稜亙在眼前，昭示著河靜省南部的範圍。這一線山脈名曰橫山，一直到五百年前，這裡都是北方京族王朝直接實施統治的極限範圍。橫山以南，則是化外之地。

今日的橫山，仍是河靜省和廣平省的界山，隨著公路開拓，穿越已無任何難度，然而天然

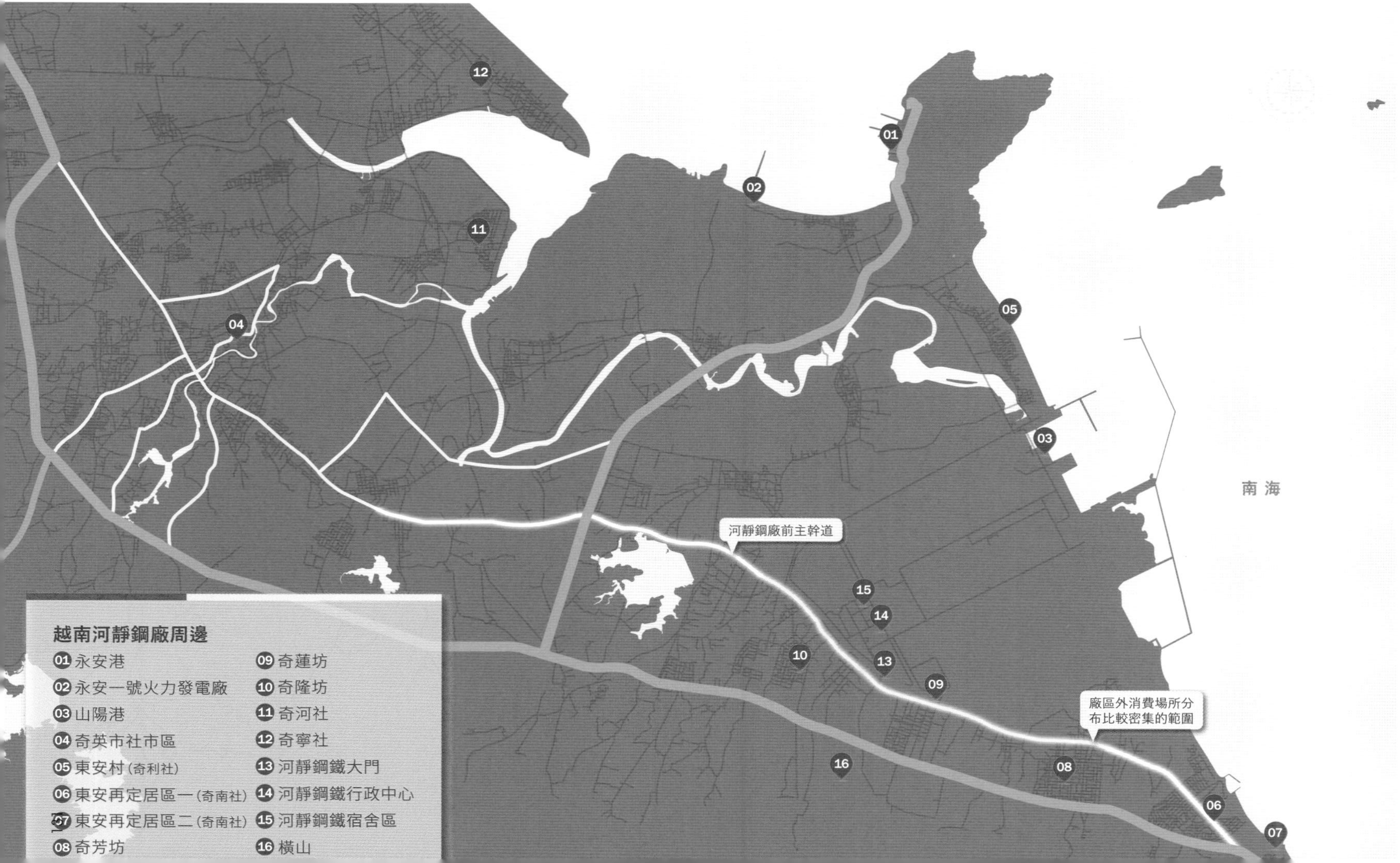

越南河靜鋼廠周邊
01 永安港
02 永安一號火力發電廠
03 山陽港
04 奇英市社市區
05 東安村（奇利社）
06 東安再定居區一（奇南社）
07 東安再定居區二（奇南社）
08 奇芳坊
09 奇蓮坊
10 奇隆坊
11 奇河社
12 奇寧社
13 河靜鋼鐵大門
14 河靜鋼鐵行政中心
15 河靜鋼鐵宿舍區
16 橫山
河靜鋼廠前主幹道
廠區外消費場所分布比較密集的範圍
南海

疆界之外，此地新生了一道人為高牆——二〇〇八年，橫山腳下，成為台塑河靜鋼鐵的廠址所在。

台塑河靜鋼鐵的誕生，與越南實施「革新」後積極發展市場經濟有關。這個階段，越南政府必須處理的其中一個關鍵課題是私部門對土地的使用權利。在維持土地為全民所有、國家有權進行分配和管理的前提下，一九九三年修訂的《土地法》規範了人民基於不同使用目的得主張的土地使用期限；二〇〇三年《土地法》再次修訂，則強化了政府得基於公共目的收回土地使用權與決定補償方案的權力。

經歷一九九〇年代與區域乃至於全球經濟接軌後，越南政府希望進一步強化由國家引導市場經濟發展的角色，同時也藉此平衡區域之間的落差，其中一個重要的工具便是設立以吸引外資為主的經濟區（khu kinh tế）。二〇〇〇至二〇一〇年期間，越南政府先後設立了十多個沿海經濟區，其中多數都在中部地方。這些沿海經濟區共同的特色是以免關稅（non-tariff）的自由貿易港開發為核心，配合周邊土地使用規劃，提供投資者、受僱者多種租稅減免的優惠條件，期望能帶動土地開發和產業發展。

二〇〇四年八月，時任越南總理的潘文凱（Phan Văn Khải）發布了「148/2004/QD-TTg」號決議，內容為越南政府對中部地方以二〇二〇年為願景的中期總體發展綱領，再次宣示國家要加強發展中部經濟。這份文件提出的主要方針就是加速沿海經濟區的建設，但當時已經浮現的計畫多數落在南中部，北中部除了承天順化省的真雲凌姑（Chân Mây-Lăng Cô）經濟區，其他省份尚一片空白。不過，到了二〇〇六年四月，潘文凱在卸任前夕又發佈了一份「72/2006/Q -TTg」號決議，基於先前的政策方向，宣布將在河靜省南部設立永安（Vũng Áng）經濟區。

河靜雖然經濟低度發展，自然資源和陸路交通區位其實不差。自然資源方面，它有鈦、金、錳、錫、花崗岩和鐵等多種礦藏，鐵礦石儲量尤為突出，石溪（Thạch Khê）鐵礦據稱擁有超過五億五千萬噸的蘊藏量，是東南亞已知最大規模的鐵礦源之一。交通區位除了一號公路，河靜另有四條國道等級的公路，其中八號公路和十二號是東西向的跨國公路，屬於亞洲公路網（Asia Highway Network）的一部分，能深入寮國中部山區，甚至連繫上泰國東北。

「永安」這個名字來自永安灣，一個位於橫山北側相距約十來公里的小海灣。永安灣在一九九〇年代末已建立了只有一個泊位的小型港口，主要服務來自內陸的散貨進出。海灣一側的岬角矗立在海岸線上，與橫山遙遙相望。在岬角和山脈之間有一大片地勢相對低平的河灘地，一號公路則從靠近山脈的這一側橫向穿越，整個地區在行政上都屬於河靜省最南端的奇英（Kỳ Anh）縣。二〇〇六年四月的這一份決議，將奇英縣轄下的九個社坊納入了經濟區的範圍，規劃總面積廣達兩萬兩千七百八十一公頃；發展策略則跟其他經濟區大致雷同，主要預計要擴大港口建設、設置免關稅自由貿易區，藉由吸引工業投資帶動周邊的市鎮發展。

然而，越南的沿海經濟區大多坐落經濟狀況較差的省份，實際推動時常因地方政府財政狀況、行政能力有限，導致基礎設施建設不佳，對投資者缺乏吸引力，開發緩慢。在永安經濟區成立之前，河靜幾乎沒有外國投資，越南政府雖然在決議中提及未來港口、免關稅區和鋼鐵產業發展區將以吸引外資前來建設為主，實際上到底有沒有投資者，會決定這個經濟區的構想能不能付諸實現。

而臺灣，就是推動永安經濟區發展的敲門磚。

在臺灣，由王永慶領導的台塑集團，從塑膠業起家，一九九〇年代期間成為第一家民營石油煉製業者，又投入汽車製造業，一直抱有進軍鋼鐵業的想法。二〇〇四年，台塑正式向臺灣政府提出於雲林縣離島工業區投資大煉鋼廠的計畫。二〇〇六年，行政院將台塑大煉鋼廠列為優先推動的「旗艦計畫」，力求快速通關、速審速決；然而，環保署的專案小組認為這項計畫耗水量過高且將帶來嚴重空氣污染，幾經拉鋸，在二〇〇七年十一月依《環境影響評估法》中「有重大影響之虞」的規範，決議台鋼計畫必須進入更嚴謹的二階環評。由於評估二階環評會耗時甚長，台塑認為恐將錯失切入市場的機會，決定轉而向外尋覓其他適合的投資地點。

二〇〇七年八月，由新任總理阮晉勇（Nguyễn Tấn Dũng）領導的越南政府，批准了永安經濟區土地使用的總體發展藍圖。與一年前的決議文件相比，這份藍圖中最主要的不同之處在於港口建設一分為二。以二〇二五年為期，越南政府除了繼續計畫擴建岬角西側的永安港，用於一般貨物進出口；另外決定將自由貿易港的位置移到岬角東側，打算在既有的沙岸環境上，建設另一處與經濟區內主要工業用地相接的免關稅深水港，名為山陽（Sơn Dương）。

二〇〇八年初臺灣媒體陸續報導，台塑已拍板決定由集團內子公司共同投資，前往越南發展鋼鐵事業。二〇〇八年六月，越南政府正式核准台塑在永安經濟區的「山陽深水港與大煉鋼廠聯合體」投資計畫。台塑透過設於開曼群島的境外公司轉投資，宣布在越南成立「台塑河靜鋼鐵興業責任有限公司」（Công ty TNHH Gang Thép Hưng Nghiệp Formosa Hà Tĩnh），預計斥資八十億美元（初期投資二十七億美元），建立越南境內首座一貫作業鋼鐵廠，並宣稱待計畫完整實現後，將成為東南亞規模第一的大煉鋼廠。

01 橫山腳下的山陽港（前）與河靜鋼鐵（後）鳥瞰。（圖：林佳禾）

先前沒有鋼鐵業經驗的台塑，第一次出手就前進海外，不但直接挑戰進入門檻最高的一貫作業大煉鋼廠，還要同時建設港口設施和鋼廠專用的發電廠，難度其實不低。二〇〇八年十月，投資案才剛拍板不久，王永慶就在美國病逝，他的鋼鐵夢在第二代的手上繼續執行，但當時王家人沒有預料，當台塑的經營風格遇上越南複雜的政治環境，會給這項巨大的計畫帶來連綿不斷的波折。

意外衝突的前奏曲

初期，永安經濟區順利啟動開發。除了永安港的擴建工程，永安灣內由越南國家油氣集團（PetroVietnam）投資的永安一號火力發電廠，也在二〇〇九年動工；二〇一〇年以後，越南政府一度緊縮公共投資，但河靜省政府據稱仍陸續投入了至少三百億越盾於經濟區的基礎設施。

相較之下，河靜鋼鐵由於開發面積太大（批地面積高達五千七百公頃，單一項目就佔用了經濟區原初規劃中將近一半的工業用地），光第一階段建廠所需的三千多公頃土地取得，就因越南政府徵收不順利而推遲，直到二〇一二年底才舉行一號高爐打樁儀式，正式展開建廠工程。

好不容易開始建廠，河靜鋼鐵仍不斷遇到狀況——台塑本身不具備鋼鐵業的技術能力，河靜鋼鐵的核心生產設備，有很高比例外包給了中國的中冶集團負責設計和承建，建廠期間有大量中國包商與工人來到河靜。二〇一四年五月，越南因為與中國之間的南海主權衝突，爆發大範圍的排華暴動；河靜鋼鐵也出現中國籍人士與示威民眾衝突的狀況，結果造成四人死亡，中方一度必須撤離人員，導致工程延宕。爾後，廠區工地又發生了幾起公安意外，都造成本地工人傷亡。

除了廠區內意外連連，廠區外其實也不平靜。

河靜鋼鐵的廠區位置，絕大部分是一條小溪流的河灘地，建廠前除了粗放的農牧活動，沒有太多原居民的住房。因此，越南政府起初徵收雖不順利，至少沒有產生太大衝突。不過，在河靜鋼鐵的廠區範圍外，還有四個奇利（Kỳ Lợi）社所轄的小村莊，在靠近永安岬角一側的海岸邊上緊緊挨在一起。如果以永安經濟區的發展藍圖來看，這塊地方未來將是山陽港的港埠區域；由於經濟區的開發時程未到，幾個小村莊雖與河靜鋼鐵、山陽港比鄰而居，並未有立即必須搬遷的迫切性，但實際情況並非如此。

「多數村民知道這個計畫要來時，已經是二〇一二年了。」梅單坐在風沙滿是、無大門遮蔽的殘破家屋，咬牙切齒地控訴台塑與越南政府。

「政府說：『會有大計劃來發展這地區，大家都會有工作喔！』所以大家都很興奮，但台

塑開始建廠以後，我們才發現，台塑把海岸線全都包圍，還想趕走我們，這根本是一個超級錯誤的滅村計畫！」

梅單一家世居在四個小村莊之一的東安（Đông Yến）。這個村子原本有一千戶左右的居民，山陽港剛開始闢建之初，地方政府就陸續與村民接觸，還透過村子裡天主教堂的神父勸說，希望大家同意搬遷到規劃好的再定居區。

根據越南法規，人民擁有使用權的土地如果被政府徵收，可以得到土地徵收費，以及地上物和其他所有物減損的必要補償；但在指定的區域內必須抽籤決定新的地塊分配，取得新土地使用權的價金和重新建房、安家的花費，也都要自行負擔。由於徵收與補償的開價主動權掌握在政府手上，這之中雖不是完全沒有談判空間，但對一般民眾來說，一來一往之間的利弊得失，常常不太容易拿捏。

同意搬遷的東安村民阮文祥告訴我們，多數村民之所以選擇遷出，跟當時政府的遊說策略有關。「一開始公安來調查，基本上只問我們要不要搬。政府同時又透過教會宣傳，說會有『最好的』補償，漁船、漁網這些生產工具也有七成補償，基於相信教會，很多人還搞不太清楚就答應了。」

所謂的「再定居區」位在鋼廠南側、橫山腳下的奇南（K Nam）社，跟原村落一北一南相距甚遠。儘管再定居區空間相對寬闊、方正，甚至交通也便利許多，大部分卻跟海岸有一段距離。東安村民，一如北中部絕大多數地方的沿海居民，除了有家庭成員在外地或異鄉工作，本地的日常收入來源多半是兼業的組合，如果沒有事頭可做，靠海吃海就是維持生計最主要的保險閥。當他們搬遷到新家園，光是建新房就已花掉大半補償，但卻發現出海變得困難，

01

01 東安村因土地徵收發生房舍遭大量強制拆除的狀況。（圖：汪佳燕）

收入失去了基本確保；若運氣不夠好，沒抽中面臨幹道的土地，即使建起了房子，也很難做點小生意，更顯得進退維谷。

陸陸續續，有村民搬遷後發現補償並不合理，甚至在新環境裡謀生出現問題，其他人意識到苗頭不對，但情勢已經改變。「迫遷行動很快就開始了。」梅單的弟弟梅盛談到，村子一旦動起來，地方政府就態度丕變，為了加速搬遷，還找來特警包圍民宅、砸毀居民營生工具。「一開始我也不想搬，想跟哥哥一樣抗爭到底，但爸爸擔心所有兄弟都會慘死，我才放棄。」

河靜省政府為了把居民逼走，出動怪手一一搗毀村內已騰空的建築物。不肯搬遷的梅單氣憤地說：「政府為了迫遷我們，甚至關閉村子裡的學校，不讓孩子上學。只有答應搬遷的人，小孩才可以到新學校入學！」氣不過的梅單因此更加堅

01 遭政府莫名拆除大半的東安村緊鄰著山陽港和河靜鋼鐵。（圖：林佳禾）

定，跟弟弟一起串連反對搬遷的村民，共同守護僅剩的一百多戶人家。結果，在二〇一五年三月初的某一天，怪手拆到了村子裡的教會房舍，頓時引發居民群起激烈反抗，釀成流血衝突。「迫遷實在影響生活甚鉅，我們想確認這是否經過核可，所以兄弟共存了一筆錢，去河內請求中央政府介入。」從二〇一五年起，梅氏兄弟一共到河內陳情了十五次。梅單無奈地說：「一直到今年（二〇一七）才得到中央政府的正式書面文件，允許孩子回學校上課。」

拆遷衝突受到外界關注，再加上梅氏兄弟不斷上訪，暫時止住了地方政府繼續毀村的舉動，但東安已是四處殘垣。

為什麼河靜省政府要這麼早啟動尚非必要的徵收程序，甚至堅持強毅拆除村落？迄今河靜省政府未給居民一個肯定說法。但梅單認為：「東安是一個團結力量極大的天主教村莊。長期以來，地方政府一直想要擺脫教會勢力。帶進新的發展是一個方法，因為能破壞海灘、興建港口、摧毀漁村。」

要鋼鐵？還是要魚？

就在東安村迫遷衝突愈發尖銳時，狀況不斷的河靜鋼鐵迎來了難得正面的經營消息。二〇一五年初，先是在二〇一一年已加入的臺灣中鋼宣布持股比例將從五％提升到二十五％；到

了年中，日本的 JFE 集團也宣布取得五%的股份。台塑初次投入鋼鐵業，就在投產前與兩家世界級的鋼鐵業「前輩」建立合作關係，總投資額達到一百〇五億美元，一時之間聲勢又壯大起來。

到了二〇一六年，河靜鋼鐵初期建廠工程大致接近尾聲，生產線開始進入試車階段，但就在距離原本預定啟動營運的日程只剩下兩個多月之際，廠外突然發生了離奇的狀況。

四月六日，永安港內的奇利社海豐（Hải Phong）村有漁民以箱網養殖的鱸魚和紅笛鯛傳出暴斃事件；接下來一、兩天，在海灣西側的河口一帶，奇河（Kỳ Ha）社、奇寧（Kỳ Ninh）社也陸續出現相同狀況，野生魚也有暴斃情形。雖然永安港跟台塑鋼廠並不在同一側，但當地漁民出面指控早在二〇一三年就發現水底有一處海底暗管，不時會排放廢水，判斷是河靜鋼鐵接引過來的排水系統；而在魚群暴斃當下，也有居民潛至水下查看，發現海水有明顯異味，而且暗管出水處也有大量死魚。

接下來，狀況開始擴散，事態惡化。四月十日，廣平省從淨江口到洞海市一帶，包括廣澤（Quảng Trạch）、布澤（Bố Trạch）、麗水（Lệ Thủy）這幾個縣的海岸都陸續發現死魚蹤跡。四月十日至十四日之間，廣治省的由靈（Gio Linh）、海

01 02

01 帶領東安村民死守舊村的梅單。（圖：汪佳燕）

02 河靜鋼鐵的開發間接造成了東安村遍地殘垣。（圖：汪佳燕）

陵（Hải Lăng）縣也先後爆出同樣狀況。到了四月十五日，則是承天順化省最南側富祿（Phú Lộc）縣的陵姑（Lăng Cô）灣一帶也出現養殖魚蝦大量死亡。至此為止，短短十天之內，事件發生的範圍從奇英市社一隅，變成覆蓋了整整超過兩百公里海岸的大範圍。

四月十九日，廣平省北部廣澤縣的廣富（Quảng Phú）社有居民因食用從海裡捕撈的魚蝦後嘔吐腹瀉、送醫觀察；四月二十一日，布澤縣內陸的富澤（Phúc Trạch）社更發生上百位民眾於同一家海鮮餐廳用餐後相繼出現腹痛、嘔吐、腹瀉的現象，甚至有二十人送醫急救。消息一傳出，越南社會開始集體惶恐，北中部的漁獲就此大量滯銷。

越南政府單位第一時間對狀況的判斷不一。四月十一日，農業與農村發展部轄下的一所地區水

01

01 河靜鋼鐵的行政中心和宿舍區一隅。（圖：汪佳燕）

產研究中心提出初步報告，認為魚群死因是永安港內水體存在毒素，且判斷應該是未經處理的污水直接排放所致；但在四月二十日，承天順化省農業局則發布訊息表示，該省內的魚群死因可能是海底磷酸鹽濃度過高所導致，而磷酸鹽是赤潮的指標之一。

人民開始質疑台塑是禍首，越南政府針對河靜鋼鐵的行動，卻直到四月二十二日才開始。中央政府的自然資源與環境部（Ministry of Natural Resources and Environment，MONRE，以下簡稱「環境部」）和時任共產黨總書記的阮富仲（Nguyễn Phú Trọng）先後以考察名義拜訪河靜鋼鐵廠區，但絕口未提爭議。四月二十三日，河靜省人民委員會副主席甚至對民眾喊話：「目前永安港的水產正常生長，活的魷魚、蝦類、蟹類大家都可以食用，也可以放心在這些海岸游泳。」然而，四月二十四日，山陽港防波堤承包商僱用的一名潛水員傳出呼吸困難、全身無力被家人送醫，最後死於不明原因。輿論情緒又再度升高。

四月二十五日，河靜鋼鐵一位經理朱春帆在接受媒體受訪時脫口而出：「就像有些地面建設公司之後就不能種水稻一樣，我們

赤潮（red tide）

因水域中浮游生物大量繁殖，而引起水域顏色異常與水質惡化的現象。

要從中選一，要魚蝦還是要鋼鐵？之前不是已經規劃漁民轉業了嗎？為什麼還是有人捕魚？如果你們兩個都要選，恐怕連你們的主席也辦不到！」

朱春帆這一番話，點燃越南人民受困於長達近一個月的死魚疑雲的憤怒之火，頓時抗議四起，高喊：「我要魚！」儘管朱春帆隨即公開向越南社會道歉，但沒有平息眾怒，越南民眾依然要求政府說明魚群確切死因。

四月二十六日，承天順化省資源環境所推翻先前「磷酸鹽過高」的結論，表示海水中的重金屬鉻與氨超過國際標準。四月二十七日，自然資源與環境資源部表示，死魚事件可能是因為「人類在海上和陸地排放毒化物」或「自然異常現象結合人為因素所引起的赤潮」導致；四月二十八日，環境部長陳紅河（Trần Hồng Hà）在與河靜鋼鐵管理層會面後，公開向媒體表示：台塑已承認永安港的海底暗管的確是鋼廠的排水系統，而沉於海底的設置方式違反越南的環保法規。

四月底，廣平省北部一連數日有居民發起遊行，阻斷一號公路通行，要求政府驅離台塑、將海洋還給人民；五月一日，不只河靜和廣平，包括河內、芽莊、峴港、頭頓、海防等大城市也群起呼應。對抗台塑，儼然成為越南結束內戰以來最大規模的環境運動，然而各地公安逮捕、拘留甚至刑求示威者的消息也不斷傳出。接下來的一個多月裡，越南社會持續為了這起事件喧騰不已。基層組織力強的越南天主教會，也在災區內外多處組織民眾發出不平之鳴。

01

01 河靜鋼鐵生產區（前）與山陽港（後）、永安岬角（左後）的相對位置。（圖：林佳禾）

部落客和公民記者四起，利用網路向民眾傳遞抗爭消息、對抗親官方媒體，乃至於對外發起國際連署，向美國政府請願，要求介入調查。

到了六月三十日，越南政府正式召開記者會，宣布經該國科學研究機構與外國科學家共同調查，結果顯示：河靜鋼鐵在試運生產線時因廠區發生跳電意外，導致往永安港區排出了有毒廢水，成份包括苯酚、氰化物和氫氧化亞鐵，就是造成北中部地區魚蝦水產大量死亡直接且主要的原因。

在這場記者會上，台塑越南河靜鋼鐵公司由董事長陳源成率領一級主管，公開向越南全體國民道歉，並且承諾賠償五億美元。環境部同時指出，經考察後判定河靜鋼鐵一共有五十三項設備不符規範，必須先行改善，並經越南政府確認後，才可能放行其啟動營運。

持有河靜鋼鐵二十五％股份的中鋼，本身有五分之一仍是臺灣政府的官股，這意味著：這筆折合高達一百六十一億新臺幣的賠償，臺灣的納稅人需間接共同負擔約八億元。因此，賠償消息一傳出，引發臺灣社會高度關注與討論，甚至質疑：只是在試車的單一家工廠，真的可能造成兩百公里海岸線的死魚災難？台商是否成為越南政府的提款機？

檢視越南政府歷次報告，臺灣輿論的質疑不算無的放矢。越南政府針對河靜鋼鐵的調查先後一共三次，前兩次報告都顯示台塑的廢水沒有問題，最後拍板定案台塑釀災的報告，至今未曾完整公開。直到二〇一六年十一月間，國際媒體《路透社》（Reuters）一篇報導[3]宣稱取得這份流傳於越南國會的內部文件，外界才間接得知部分訊息。

越南政府指台塑為兇手的原因有二：其一，是台塑公司被發現未採用較為環保的「乾」熄焦（coke quenching），而是使用傳統「濕」熄焦的製程。一般而言，濕熄焦廢水中的污染物包含氨氮、硫化物、氰化物、揮發酚；其二，才是台塑偷埋暗管、排放未經處理的廢水。

河靜鋼鐵的熄焦設備在建廠第一階段的計畫中貪圖節省成本，採取舊式製程，的確是無可辯駁；台塑後來也公開承諾會提前將設備升級。然而，儘管濕熄焦

註3 Yu, J. M. & Hung, Faith (2016, November 14). Exclusive: Broken rules at $11 billion Formosa mill triggered Vietnam spill, report says. Reuters. Retrieved from https://www.reuters.com

所產生的污染物和越南政府公布的海水中毒化物質相符，但按照南中國海早有相關污染物質殘留的水質情況來看，台塑是否為殺魚兇手還是有模糊空間。

文化大學地理學系助理教授雷鴻飛，利用美國西雅圖地球與太空研究所（Earth & Space Research，ESR）所建置的「海面及時洋流分析」（Ocean Surface Current Analyses Real-time，OSCAR）資料，估計二〇一六年四月六日死魚首發當日，越南該海岸地區離岸一百公里之內都是輕風，蒲福風級在五級以下，由南往北吹拂。沿岸流也偏北，速率一天不到二十公里。接著，四月七日以後風場沒有多大改變，近岸一百公里內的沿岸流，雖然方向改為離岸或向南，每日速率仍然維持在八至二十公里之間；直到四月十一日，才增加到每日速率二十五公里。

「就算沿岸流以二十公里日均流速向南，到了四月十號死魚大量發生之日，擴散距離應該也不到一百公里，但同一天位於南邊，距離河靜鋼鐵一百六十公里遠的廣治省出現死

熄焦（coke quenching）

煤炭煉焦過程的專用術語，指將煉製好的赤熱焦炭冷卻以便於運輸和貯存的溫度，包括乾熄焦與濕熄焦兩種方法。

魚，不論是南漂污染或者魚屍，這都很難完全歸咎於台塑的一次點源汙染事件，何況根本沒有死魚規模從河靜鋼鐵向南擴散、遞減的公開調查資料。」雷鴻飛說。

OSCAR 的歷史資料還顯示，死魚事件發生當時海面偏低、海溫偏冷。這兩項證據的意義是：南風並未帶來暖水，而是北邊的冷水往南流。雷鴻飛解釋：「這意味南風和離岸風，能夠把岸邊表面海水吹向外去，並將底層的較冷海水掀起。此時沿海水溫度雖比同期平均值略低，也有攝氏二十二度左右；若底層海水連帶把藻類翻上來，遭遇夠高的攝氏二十二度海溫，外加海水若長期累積過多的有機物汙染，就可能誘發赤潮。」

赤潮釀禍可能性雖然存在，但河靜鋼鐵的廢水處理廠曾經跳電；加上為吸引企業投資，越南的鋼鐵業廢水管制標準，不論是與臺灣的鋼鐵業廢水管制標準，或其國內一般工業廢水標準來比較都相對寬鬆，包括砷、鉛、銅、汞、鉻等可能危害人體的重金屬，都沒列管。在比對檢視台塑河靜鋼鐵的廢水排放物內容，與越南政府的管制標準後，雷鴻飛也不認為台塑可以完全排除嫌疑。

「除非台塑能舉證，在四月六日到四月十日這五天內，兩百公里海岸同時上岸大量死魚，而且往南不減，否則也很難推卸所有責任，何況這個企業的歷史紀錄不佳。」雷鴻飛說：「就算鋼廠能證明自己排污合乎國家標準，依然無法排除毒死海洋生物的可能，因為各相對於水文條件，包括陸地逕流沖入稀釋的能力，以及海水稀釋的能力，其合乎寬鬆的國家排汙標準，依然可能毒死海洋生物。」

從科學證據檢視，這起事件可能的確囊括了「複合性」的致災原因。若回溯死魚事發後越南不同層級行政部門所曾給出的各種答案，大致也與雷鴻飛的推斷相符。

二〇一七年三月，我們在河內見到曾前往河靜訪查的社運工作者阮英俊（Nguy n Anh Tu n）。他坦言：「若以科學基礎思維來看，的確我們不知道是不是就是台塑造成這麼大規模的污染，因為越南政府沒有公開報告。」但儘管如此，阮英俊也依然強調：「我們做的一切事情，都是基於台塑公司公開道歉、承認自己有罪。按理來說，如果他們沒有問題，他們不需要這麼說。因此，我雖然不是百分之百肯定是台塑實際上造成這些傷害，但因為他們說了，他們有錯。」

漁民生計回不去了嗎？

為了弭平越南全國各地對漁獲安全的質疑，五月四日，越南政府宣布河靜、廣平、廣治和承天順化四省二十海浬內禁止捕魚活動、已收獲上岸的水產亦必須禁止銷售或加工處理。這項禁令，一直持續到九月才「部分」解除。

禁漁期間，在四省蒐集的海鮮樣品檢測結果顯示，只有沙丁魚、金槍魚、鯖魚等「迴游」

魚類，體內沒有苯酚，屬可安全食用的魚種；至於蝦、螃蟹、魷魚等「底棲」魚種，則被檢測出有一百三十二個苯酚樣品，其中河靜省和廣平省的比例最高。因此，越南衛生部後來仍持續禁止四省捕撈二十海浬以內、高達一百五十四種的底棲魚類，直到二〇一八年五月。

由於一開始沿近岸全面禁止捕魚長達四個多月，影響層面甚廣，當時越南勞動和社會事務部曾以專案「協助」四省受影響的居民前往臺灣、韓國與日本從事漁業、保健服務、養老院和家務工，據稱移動人數超過一萬人。

二〇一七年初，我們在臺灣見到來自廣平省的阮春賢。當時四十四歲的他，原本擁有一艘二十三公尺長的中型漁船。死魚事件發生前，他每次出海一週，收獲足以養活一家大小、讓兒子出國唸書，甚至雇用六名船員。「但不能捕魚、原先捕的魚又賣不掉，實在沒法生活，我只好賣掉船，來臺灣當漁工。」

從自雇者變成移工，阮春賢不只收入驟降，連自由與尊嚴

點源污染（Point Source Pollution）

泛指有害物質由一明確地點進入含水層，包含如家庭生活汙水、廢棄物處置設施、工廠排放與管線滲漏、化糞池、違法儲油槽等。相對的，非點源汙染則意指有害物質並非由單一明確的地點進入地下含水層所造成的污染，例如農業、畜牧與礦場開採等所產生之廢水，受到降雨淋洗之影響進入地下含水層。

也不復存在。「來臺灣的仲介費至少是三千美元，一次付清，來臺灣以後，卻整整兩個月都沒工作。」他在二〇一六年冬天抵達臺灣，天氣很冷，仲介卻只給一條薄被，要他住在窄仄、骯髒又惡臭的空間。「而且他一天只給我一百塊臺幣，幸好太太寄泡麵給我，才能過得下去。」於是，他選擇逃離仲介桎梏，尋求天主教越南外勞配偶辦公室協助。

理論上，阮春賢擁有的漁船要前往二十海浬以外作業應該不成問題。為什麼四個多月限制作業水域的部分禁漁，會讓一位原本買得起漁船、雇得起六名船員的船主，被生計所迫必須做出變賣生產工具、出國打工這樣的決定？

阮春賢的遭遇，即時提醒了我們：死魚事件恐怕既不是問題的起點，也不是終點。

魚群死亡，是整起事件的核心，卻也是謎團。迄今所有企圖整理這項數據的報導、文件，甚至學術研究，數據不一，從數十噸、一百多噸、兩百多噸、三百多噸、五百多噸到上千噸都有。綜合來看，較為可信的範圍，應該落在一至三百噸之間。

二〇一五年，也就是事件發生的前一年，官方統計上四省的海鮮水產總產量，加起來一共是二十萬四千九百七十九噸，其中四分之三是漁業捕撈（包括海洋和淡水），另外四分之一則是水產養殖。二〇一六年，受到污染和禁漁直接影響，總產量下滑到十六萬九千六百六十四噸，減少十七％，其中捕撈的減幅明顯比養殖來得大；但到了二〇一七年，總產量就又回升到非常接近二十萬噸的水準。

從以上數字可明確得知：死魚事件的確造成衝擊，但並非魚群直接暴斃，而是二十海浬內禁漁四個多月造成的產量下降；若同時參考兩年統計一次的人均收入資料，比較二〇一四年和二〇一六年，四省居民在農林漁業的人均收入額，除了承天順化省持平之外，其他三省竟然都成長了至少二成以上。除非這兩年之間四省的農業和林業有非常顯著的增長，否則人均漁業收入並沒有因死魚事件而下降，幾乎是可以直接得出的推論。

此外，查閱越南於二〇一七年四至五月間的漁情報導，我們還發現描述海上漁撈活動恢復情形述中的數字顯示，二〇一七年第一季海上作業的船隻大約比二〇一六年同期減少兩成，這說明先前四個多月的禁漁確實可能造成部分漁船不再出海，阮春賢的狀況並非特例；然而，二〇一七年漁獲量比起二〇一六年同期卻只下跌不到十分之一，這表示海上漁船減少之後，單位生產力其實不減反增。

前後資訊的矛盾，提醒我們難以斷言河靜鋼鐵的污染嚴重且持續地影響漁民生計。然而，無論越南本地或國外媒體對此一事件的再現，卻是當地漁民生計因此污染持續滑坡，這中間的落差，牽涉了南海的漁業競爭與越南政府的國家治理能力。

互相擠壓的漁業生態

南海雖然是資源豐富的漁場，但取用者眾，正因棲地破壞、底拖漁法、嚴重過漁，以及全球暖化、海水酸化的影響，面臨重大威脅。根據一項研究推估，一九九〇至二〇〇四年之間，這些狀況可能讓越南在南海上損失了超過一百萬噸的漁獲[4]。這對漁業相關收入可達年度GDP三至五%份額的越南來說，當然是不小的影響。

然而，無論是哪個國家，發生這樣的損失通常並不無辜。

在越南，捕魚是歷史悠久且有其文化傳統的活動，在法屬印度支那時代，海洋捕撈一直低度發展，基本上都是小規模的家庭生計活動，不被殖民政府視為值得經營的獲利產業。兩次印度支那戰爭期間，越南的漁船開始機動化並使用尼龍漁網，受限於長年戰亂，漁業規模增長仍有限[5]。南北越統一後，社會主義政府全面實施集體制，漁船成為社坊合作社或公營漁業公司的共有財，造船由政府提供補貼，但原本某些地方仍存在組織自我管理的傳統[6]，也因此逐漸凋零。一九八六年以後，「革新」帶來市場導向的經濟改革，開放漁船自有自營並銳意鼓勵出口，動力漁船從此便快速而不受控制地增加。

註4 Srinivasan, U.T., Watson, R., & Sumaila, U.R. (2012). Global Fisheries Losses at the Exclusive Economic Zone Level, 1950 to Present. *Marine Policy* (36): 544-549.

註5 Teh, L., Zeller, D., Zylich, K., Hguyen, G., & Harper, S. (2014). Reconstructing Vietnam's marine fisheries catch, 1950-2010. Vancouver:University of British Columbia

註6 Thong, H. X. & Thieu, N. D. (2009). The Van Chai and Its Role in the Hierarchy of Fisheries Administration in Vietnam. In Ruddle, K. & Lai T. P. (eds.), *The Van Chai of Vietnam: Managing Nearshore Fisheries and Fishing Communities* (pp. 21-35). Hong Kong: International Resources Management Institute.

01

01 沿近海以供應加工為主的雜魚捕撈活動曾受到禁漁影響。（圖：汪佳燕）

根據二〇〇五年越南漁業部（Ministry of Fisheries，MoFi）與世界銀行（World Bank）聯合發表的《漁撈與水產養殖部門研究》[7]，自一九九〇年代起，到二〇〇五年前後，越南動力漁船的總馬力數增長超過五倍，年平均增長率達到十二%；漁船平均規模也持在擴大，四十五匹馬力以上漁船的佔比，也從一成提升到了三成左右——儘管二十匹馬力以下的小型漁船仍為多數。從海洋資源管理的角度來說，這樣的捕撈能力已明顯過度擴張了。漁獲增加的速度，遠比不上漁船規模膨脹的速度，單位努力漁獲量（Catch Per Unit Effort, CPUE）一直持續下滑，在二〇〇〇年以後只剩下一九八〇年代的三分之一至四分之一[8]。

事實上，越南的漁業部門並非沒有資源管理和保育的意識，只不過漁業一定程度上背負著提升沿海鄉村人民收入水平的重任，因此一直沒有實施禁漁期或限量捕撈的制度。直到二〇〇三年《漁業法》通過，越南才首次出現漁業發展的總體計畫[9]。然而，中央政府設定的目標，與地方政府迫於地方現實或追求數字成長而實際推動的方向，還是經常發生不一致。[10]

另一份由丹麥哥本哈根大學與越南規劃與投資部於二〇一〇年發布的策略報告[11]，則一針見血地指出，越南的海洋捕撈最根本的問題在於「有太多漁夫在追逐太少的魚」，而這種狀況在沿岸（in-shore）和近岸（near-shore）的水域尤其嚴重：有八十六%的漁船，集中在經濟海域最靠近海岸的四分之一範圍內作業，而這些漁船必須爭搶全國六成左右的漁獲。

漁船總噸位數不斷飆升，除了開放市場競爭、引入商業化經營，另外一個重要的原因是一九九〇年代末以後越南政府主力推廣離岸漁業。從保全海洋資源並提升漁業經濟價值的角度來說，這是一個合理的方向，但相應地必須做好減船（淘汰馬力較低的舊船）政策、劃分並

註7 Ministry of Fisheries of Vietnam & the World Bank (2005). Vietnam: Fisheries and Aquaculture Sector Study. Hanoi: Author.

註8 UNEP, VIEP, & WWF (2009). Fisheries Subsidies, Supply Chain and Certification in Vietnam, Summary Report. Hanoi: UNEP.

註9 Pomeroy, R., Nguyen, K. A., & Thong, H. X. (2009). Small-scale marine fisheries policy in Vietnam. *Marine Policy* (33), 419-428.

註10 Nguyen Thi Dieu Thuy, Symington K. (2008). Sustaining Fisheries and Alleviating Poverty in Vietnam: A Socio-Economic Review and Case Study. Hanoi: WWF Greater Mekong-Vietnam.#

註11 University of Copenhagen, Development Economics Research Group & Ministry of Planning and Investment of Vietnam, Central Institute for Economic Management (2010). The Fisheries Sector in Vietnam: A Strategic Economic Analysis. Hanoi: Author.

有效地引導不同捕撈能力的漁船各自在適當的水域作業。

實際情況如何呢？二〇一八年，有一組越南研究者為探討死魚事件對四省漁業的衝擊[12]，取得衛星影像系統「可見光紅外線成像輻射儀」（Visible Infrared Imaging Radiometer Suite，VIIRS）於事件發生前後所記到的北中部經濟海域成像，理論上這能捕捉到一定規模以上的夜間作業漁船所發出的光源，以用來估算海上漁船數量和密度。結果，成像顯示在事件發生前一年（二〇一五年五月），二十海浬範圍內的漁船大多都集中在緊靠著海岸的一側，與二十海浬外離岸作業的漁船位置分布相對平均，有非常明顯的差別。

從統計數字上來看，二〇一〇年以來，越南沿海各省在九十匹馬力以上的動力漁船，無論數量或總噸位數都呈現全面且持續的大幅成長。即使是漁業相對不發達的北中部四省，二〇一〇年還只有三十艘、排名全國倒數第二的河靜省，到了二〇一七年數量和總噸位數都成長了超過十倍，而承天順化省、廣平省也都至少達到倍翻以上；本來漁撈規模就相對比較大的廣平省，更是四省之中的異數，九十馬力以上的漁船總噸位數，在二〇一七年已達到全國第七名。

漁船不斷變多、變大，但北中部四省沿岸的環境絕大部分是風積沙岸，能

註12 Hoang, T., Le, D. T., Nguyen, H., & Nguyen, T. V. (2018, October). Is Tomorrow Another Day? Coping with an Environmental Disaster: Evidence from Vietnam. In North East Universities Development Consortium (NEUDC), at Cornell University, Ithaca, USA.

泊靠中大型漁船的漁港屈指可數，其中廣平省位於淨江（Sông Gianh）口的淨江港就是規模最大的漁業基地，要確認實際狀況不難。

我們在二〇一八至二〇一九年間考察過淨江中下游的產業活動，當時看到這一條三百多年前南北紛爭時代重要的界河，如今在寬闊的河口兩側都有相當成熟的港埠發展。公司化經營的離岸船隊，漁船進出狀況看起來十分正常；造船業也很熱絡，沿河兩岸都看得到建造中的新船，而且都是長度至少在十米以上的艙船。若非知道到河口附近的海岸曾是死魚事件主要的災區之一，光看港口狀態，應該不難相信廣平的漁業正在快速起飛。

然而淨江港畢竟是特例。若稍微往南走，來到坐落在日麗河（Sông Nhật Lệ）河口的省會城市洞海，情況又有些不同。

洞海這座小城是十七至十八世紀左右歷史大局的幾次重要戰役發生地，如今除了市區有一座當代復原的星型堡壘，完全看不出古戰場的痕跡。而鄰近山區十多年前發現全世界規模最大的石灰岩洞群，靠著這個入選聯合國世界遺產的峰牙己榜（Phong Nha-Kẻ Bàng）國家公園，洞海的觀光收入近年快速成長，成為北中部在順化之外又一處能吸引國際旅人的停佇點，也吸引愈來愈多的服務業地產發展。

如今，在日麗河兩岸，靠市區一側是水岸公園以及背包客出沒的商圈，另一側在海岸沙丘上則是繁忙的漁村寶寧（Bảo Ninh）社。寶寧社的漁船規模雖不如淨江港，漁業活動仍算熱絡。造船廠主黃國俊告訴我們，越南政府近年確實鼓勵漁民轉向離岸甚至遠洋捕撈，但造一艘全新的船要價二十億越盾（約合兩百五十萬臺幣），一般小規模作業的個體戶漁民根本拿不出這筆錢。何況，就算真的有資本造船，也有其他憂慮。

黃國俊表示，目前北中部漁民的「遠洋」捕撈範圍主要到達黃沙（西沙）群島、南海的中心海域，甚至長沙（南沙）群島一帶。然而，越南與中國在南海問題上長期對立，漁民在海上必須與中方競爭，「我們常被中國船攻擊，大部份都輸。」在污染事件發生前，跑遠洋的漁民一直不多，寧願在近一點的海域作業，既省油錢，也比較安全；污染事件發生後，「很多人出國當移工了，工人變得更難找。所以從死魚事件發生至今，我都沒去跑過船。」

01

01 日麗河口附近的傳統定置漁業。（圖：林佳禾）

作業成本與人身安全的雙重考量，黃國俊的苦水說明了為什麼「離岸漁船不離岸、遠洋漁業不遠洋」。只不過，這樣的選擇雖然情有可原，卻有可能引發連鎖的負面效應。首先，遠洋漁場通常比較能捕獲高價值的魚種，離岸漁船放棄這些進入門檻比較高的水域，獲利效率會變低，開銷會變得吃緊；因此，當他們轉而「入侵」近岸漁場，勢必會利用規模優勢做更大強度的捕撈，結果便造成近海資源加速枯竭，同時逼使競爭不過的近岸漁船也往沿岸移動。

大吃中、中吃小，每個等級的漁船都向下排擠比自己小的漁船，所有人的利潤都變薄、生計都損失、營運能力變得脆弱。在這種狀態下，一遇到死魚事件伴隨而來的價格崩盤和大範圍禁漁，就可能產生出如骨牌般應聲全倒的震撼效應。

其中，底層最小規模的漁民退無可退，還必須同時面對海岸環境變化帶來的雙面夾擊，處境最加困難。

寶寧社另一位漁夫阮文柳，和太太結婚二十八年，早年從事魚販工作。十六年前他倆決定轉業捕魚。阮氏夫婦會在凌晨點亮燈火，將小船推出沙灘，從河口出海。他們注意到這些年沙灘遭受大量侵蝕，直覺歸咎於土地開發與建設，但實況卻遠為複雜：舉凡上游水庫興建、河口海岸沙庫因採沙而減少、氣候變遷造成的波候改變與海平面上升，以及河海工程，都能顯著改變日麗河口與附近沙灘地形。寶寧社夏有颱風、冬有巨浪，隨著經濟發展，人類活動入侵早年沙丘、潟湖分布的環境敏感地帶，經常受到自然作用的威脅。

阮文柳說：「政府在海邊又興建海堤，從以前到現在，一共建了五道，但沒有一道，能逃過被摧毀的命運。」受海堤與大橋阻隔，部分海沙往洞海海水浴場堆積，「這幾年沙子也愈來愈少了。為了觀光旅館，以及居民新建房屋的需求，沙灘的沙都被運走當建材。」

我們在廣治省由靈縣遇見胡玉山，是他那天第二次出海歸返、正要與賣涼水的太太會合的傍晚。胡玉山當天空手而歸，無獨有偶，捕魚三十年的他也直覺道出對環境變化的類似觀察：「廣治沒什麼工廠，但有愈來愈多臨海飯店，飯店有廢水，會排放什麼物質、有沒有經過處理，我們漁民都不知情，只感覺，近海的魚愈抓愈小。」除此之外，小漁民不容易感受捕撈產業的整體變化，但看得到周圍競爭者日增，每位漁戶欲求也日增，胡玉山嘆氣說道：「幾十年來，毒魚、電魚、炸魚的情況愈來愈多。」

另一方面，沿岸漁業資源衰竭，促使越南政府鼓勵漁民發展水產養殖，但水產養殖的土地開墾缺乏嚴密環境規範，也加速破壞了沿岸生態。

阮文生八年前從大城市返回老家廣平，在布澤縣中澤社（Trung Trạch）幫父母經營蝦塭。這池三千平方公尺的蝦塭是阮文生父母耗盡出國打工存款、又借貸兩億越盾（約合二十六萬臺幣）才得以開墾。同一區域養殖白蝦的約有二十多戶，每戶面積至少都有三千平方公尺的規模。這些蝦塭只隔百多公尺沙灘，就是南海。走在沙灘，隨處可見棄擲的餌料袋與抗生素空盒。有機物隨著雨水或逕流沖刷入海，於白淨的石英沙灘氹留一道又一道彎彎曲曲、發著惡臭的優養化水漥。

保守估計，每公頃養蝦面積平均會排放約五公噸固體廢物和幾千萬立方米廢水。越南每年有超過六百萬公頃的養蝦面積、排放超過三千萬公噸的固體廢物。具體來說，從廣寧到廣平各省，超過三萬七千公頃面積已經開發為養殖漁業，大部分設施已經達到工業化養殖規模，導致當地生物產地、棲息地被破壞，並出現疾病橫行。

阮文生的養蝦生意因水質問題一直未能回本，他無奈地說：「這些蝦子真的太容易死了。政府鼓勵我們養蝦，卻沒有給我們任何支持，也不會教我們控制水質；為此我自己花錢去上課，但這些私人公司只是教我們要放什麼藥，然後賣藥給我們。」

從上述案例，可以看見越南在推動經濟發展過程中，治理能力的不足，而這缺點在遭遇死魚事件後，更顯放大。

「污染爆發以後，我個人的漁獲量下降五到七成，連蝦子也抓不到。」我們在廣治的沙灘上觀摩海祭的那天，由海社漁民黃文南是這麼描述他的受災程度。幾個月後，在永安經濟區旁的奇南社，一艘從廣平省駛來的漁船靠岸，幾位村民從船上搬下來一袋袋橘色袋子，裡面裝著花蛤和孔雀蛤等水產品。這些漁獲被搬到村裡一位水產收購商阮文高的家中處理。阮文高告訴我們，死魚事件後，他能收購的漁獲量只有過去的十分之一。

01 北中部主要漁業基地的造船業近年來愈來愈發達。（圖：汪佳燕）

不論減獲五成、七成或九成，我們走訪北中部四省多次，過程中只要遇上村子裡小規模的沿岸作業，漁民也好、漁販也罷，人人都說收獲總是上了岸議好價，一手交錢、一手交貨，就完成了買賣，不需要任何記錄。阮文高甚至指了指他的貨車，跟我們說：「就算要出口去中國，我也沒遇過有人來確認種類或數量，都是直接交給盤商，就完事了。」

實際上，越南非商業化捕撈的漁業統計，到現在仍由縣級或社坊級的普查官每年進行一次或兩次的家戶訪問人工蒐集。因此，愈小規模而無實際簿計可循的捕撈活動，原始資料的準確度愈是高度依賴受訪者的記憶與誠實，以及普查官的問答技巧和執行業務的心理。甚至有研究[13]指出，由於回答的漁獲量可能影響課稅，漁民通常傾向低報數字；

相反地，由於政府普遍仍將確認是否達到生產目標視為重要的統計目的，普查官甚至更高層的官員，反而可能會傾向高報數字以追求達標。此外，普查官蒐集資料時往往缺乏系統性、標準化的方法，也極可能導致了同一項數據的前後不一致。

換言之，在環境衝擊和捕撈競爭中最吃虧的沿岸漁業，是一個龐大的地下經濟。無論漁船登記或漁獲普查，小規模作業的漁民往往想讓生產工具和實際收入都儘可能匿蹤於灰色地帶。避開規管、不輕易對制度順服[14]，是他們在承平時期自我保護的武器，但當一場意外的死魚事件來襲，他們卻會因損失和衝擊無法充分證明且有效量化計算，而成為最容易被忽略、犧牲的一群人。此時賠償金的爭取，便成為北中部漁民勢必不能輕放的課題。

對抗行動恐難改善漁民困境

二〇一六年七月和八月，台塑依約分別給付了二・五億美元給越南政府。到了九月底，越南政府正式公布對四個省份受害民眾的賠償辦法，資格認定與發放的程序也隨即展開。

註13 van Zwieten PAM, van Densen W. L. T. and Thi D. V. (2002). Improving the Usage of Fisheries Statistics in Vietnam for Production Planning, Fisheries Management and Nature Conservation. *Marine Policy* (26): 13-34.

註14 Boonstra, W. J. & Nguyen, B. D. (2010). A History of Breaking Laws—Social Dynamics of Non-Compliance in Vietnamese Marine Fisheries. Marine Policy (34): 1261-1267.

然而，那年夏天，圍繞著這起事件所發生的示威與爭議依然不斷。八月和十月間，河靜鋼廠都出現民眾集結示威的行動，東安村的居民是主要的發動者。另一方面，也開始有不同地方的居民，向地方政府要求賠償金的計算首發放必須通過公平、透明的機制來進行；還有一些民眾則認為台塑付出的賠償金過於低廉，又不必實際經手處理賠償事宜，並不合理，進而嘗試向法院提出訴訟，主張台塑應該負起更大的責任，但都被駁回。

事實上，二〇一六年下半年以後，越南政府的主動發言絕大部分都是「賠償辦理進度順利」、「漁業活動逐漸恢復」等千篇一律的數字更新；對於媒體偶爾企圖再追溯當時事件的細節、提起賠償執行的爭議，乃至於詢問中部海域的健康情形，也多半沒有正面回應。

時序進入二〇一七年。四月，事件屆滿一週年，越南總理阮春福（Nguyễn Xuân Phúc）訪視河靜鋼鐵，視察五十三項改善措施的執行情況。事後即有消息傳出，正式營運已指日可待。五月，越南政府宣布，河靜鋼鐵除已發包的乾熄焦設備仍需時間建置，其餘指定改善項目皆已通過審查，將正式評估是否核發執照。

二〇一七年五月二十九日，河靜鋼鐵在動工建廠後的第一千六百四十天，終於點燃一號高爐，正式開始運轉。不久之後，越南政府也對外表示，五億美元的賠償金用於補償受害民眾的部分，已全數發放完畢。

01
02

01 洞海漁民阮氏夫婦對海岸環境變化特別有感。（圖：汪佳燕）

02 洞海的海岸線上近年新增了不少大型觀光開發。（圖：林佳禾）

然而與賠償有關的爭議，直到今日依然存在。

為協助河靜居民，二〇一六年至今，臺灣方面一直由長期服務／庇護越南在台移工的天主教會新竹教區、本地的環保和人權團體聯合行動，與越南方面以天主教會部分教區，以及分布遍及海內外的民主運動人士為主的網絡密切配合，在不同階段對這起事件發起不同的對抗。

基於對共產黨壟斷的越南政府沒有任何信任，一開始肇禍責任尚未歸結時，他們要求臺灣政府（甚至其他外國政府、國際機構）必須介入調查；後來台塑認錯賠款卻由越南政府主導賠償發放事宜，他們則持續向台塑抗議並向臺灣社會傳遞兩造私了只是再一次分贓，人民受到的損害完全沒得到合理釐清、補償的訊息。

越南天主教會人士每年不間斷地先後多次來台，與臺灣方面一起採取行動。對抗方起初是向臺灣的行政和立法部門喊話，希望建立更健全的制度監管財團的外國投資行為（包括本國銀行對這一類投資案給予的信貸融資），但河靜鋼鐵是透過在第三地設立境外公司轉投資，這些訴求毫無意外地得不到任何具體回應，經濟部投審會在二〇一八年三月還通過了台塑集團下幾家公司對河靜鋼鐵再增資[15]；有鑑於此，二〇一九年以後對抗方改走司法途徑，以七千

註15 陳鶯人（2018年3月31日）。投審會通過 越南河靜鋼廠 獲台塑集團注資2.2億美元。工商時報，A4。

註16 楊國文（2020年4月14日）。應由越南法院審理 高院駁回台塑越南鋼廠污染抗告案。自由時報（電子版）。檢自：https://news.ltn.com.tw/news/society/breakingnews/3133079

01 阮文生的蝦塭是放任工業化養殖帶來負面結果的典型案例。（圖：汪佳燕）

多位越南受者者的名義在臺灣提起集體民事訴訟，向河靜鋼鐵求償約一・四億新臺幣，儘管這筆錢甚至不到台塑起初賠償金額的一%，但台北地方法院和臺灣高等法院相繼認定對此案「無管轄權」，至今抵抗方仍在向最高法院抗告之中。[16]

跨國進行災害究責型的草根抵抗運動本來就非常困難，更何況事發地處於完全一黨專政的極端政治環境。這起事件之所以能激發出越南全國大範圍的群情激憤，並持續維持動員能量，網路傳播發揮的作用至關重要。

「那時候河靜完全被封鎖，外人無法進入，甚至國家也封鎖媒體。」

在事發後隨即前往永安經濟區待了一段時間的阮英俊，與夥伴們一起將在地人的證言透過社交媒體如臉書、推特與 Youtube 傳播，「這樣的行動能與國家操控的媒體訊息進行抗衡，並且保持運動能量，讓大城市的居民可以持續抗議。可以這麼說：如果沒有網路，我們絕對無法組織抗議，讓事件在全世界的面前曝光。」

「我們的國家媒體連一個字都沒提，因此人民傾向於相信社交媒體，而不是傳統媒體。」阮英俊表示，網路為越南民眾創造發聲空間，越南政府也曾想對平台進行壓制，「但臉書用戶數量已經超過越南一半人口，這件事註定不可能成功。」阮英俊說：「因此政府改變他們的策略，他們不封鎖臉書，但逮捕人民。」

二〇一六年十月，暱稱為蘑菇媽媽（Mother Mushroom）的知名部落客阮玉如琼（Nguyễn Ngọc

02 | 01

01 小型的水產收購和運銷業者認為死魚事件的確造成漁獲量降低。（圖：Dat Vu）
02 河靜鋼鐵旁的小漁販依然每天供應著海鮮水產。（圖：Dat Vu）

Nhu Quỳnh），就因聲援死魚事件，遭越南政府以刑法第八十八條「傳播反越南社會主義共和國的宣傳」逮捕。她在二〇一七年六月遭判刑十年，但隔年十月獲釋，隨即流亡美國。

阮玉如瓊不是唯一獲罪的異議人士。根據獨立媒體網絡《全球之聲》（Global Voices）的整理[17]，二〇一六至二〇一八年間，至少還有另外六人因傳播與死魚事件相關的資訊而遭到起訴。對公共討論打壓，開始使社群網路流傳的相關訊息，陸續出現未經事實查核卻已挑起群眾情緒的狀況。如二〇一七年二月就有一段指控河靜鋼鐵再度排污的影片在臉書瘋傳，但後來證實拍攝的確切地點是在峴港，而且可能是兩年前的舊事[18]。

註17 全球之聲中文化小組（2018年）。台塑越南鋼鐵廠造成大規模海洋汙染兩周年回顧。全球之聲 Global Voices 繁體文中版。檢自：https://zht.globalvoices.org/specialcoverage/台塑越南鋼鐵廠造成大規模海洋汙染兩周年回顧。

註18 中央社（2017年2月23日）。越南網路瘋傳「台塑排汙」影片 當地官員：影片可能是兩年前拍攝。關鍵評論網 The News Lens 東南亞版。檢自：https://www.thenewslens.com/article/62225

平心而論，網路帶來的自由縫隙，的確有潛力積聚越南人民的集結力量，進而撼動這個國家的政治環境。然因越南社會正在變動，如今越南社會最容易激發的公民意識，往往也帶著明顯的國族情結。例如二〇一八年越南政府打算推動經濟區強化版的「經濟特區」（đặc khu kinh tế）立法，就因為草案條文進一步明確《土地法》原本就有土地使用年限延長至九十九年的條款，被認為此法是預備向中國投資割地的辱國條款[19]，後來迫使國會擱置討論。

設立經濟特區當然未必是對越南國家發展有利的政策方向，這一點越南學者和外國媒體也提出過不少探討[20]；但大規模群眾運動在壯大民氣的過程中利用挪移、置換過的激化詮釋也是事實。而臺灣聲援團體長期對台塑因資訊不透明而沒有信任感，兩相作用下，

04 03 | 02 01

01 河靜鋼鐵自建廠以來逐漸帶動周邊的市鎮化。（圖：Dat Vu）
02 足浴會館等交際活動場所大量出現在原本以務農為主的社坊裡。（圖：Dat Vu）
03 到了夜晚，一路林立的餐廳、酒吧、卡啦 OK 閃起了繽紛霓紅。（圖：Dat Vu）
04 河靜鋼鐵促成了永安經濟區的開發，也永遠改變了周邊居民的生活環境。（圖：汪佳燕）

註19 Tomiyama, Atsushi (2018, September 3). Vietnam's Economic Zones Derailed by Anti-China Protests. Nikkei Asian Review. Retrieved from: https://asia.nikkei.com/Politics/International-relations/Vietnam-s-economic-zones-derailed-by-anti-China-protests

註20 Nguyen, M. Q. (2018, September 14). SEZs in Vietnam: What’s in a Name?. The Diplomat. Retrieved from: https://thediplomat.com/2018/09/sezs-in-vietnam-whats-in-a-name

導致行動的議題設定，開始出現陷溺在「後事實」困境裡會產生的各種公共溝通難題。

統整來看，越南中北部地區實際面臨的是越南沿海弱勢省份在漁業發展上共同的困境，四年前台塑廢水排放帶來的衝擊，雖使許多長期狀況尖銳化，但終究並非問題根源。真正能為地方帶來改善的，是各方面漁業和環境治理機制的有效變革，其中至少就包括了「海洋資源管理」、「漁獲水產監理及運銷」乃至於「沿岸水陸域生態監測」等面向。

過去一、二十年間，相關學術研究、發展計畫的專業建議，甚至實驗性的探索其實一直在累積。但相關論述及其可能觸發的行動，卻一直被遺留在關注北中部這片海域的視野之外。而這與天主教會與越南政府間的政治互動，不無關聯。

以主之名對抗極權的利弊

擁有基層組織的越南天主教會，在死魚事件的對抗行動裡一直扮演社運團體和本地居民之間的橋接角色。河靜鋼鐵所在的地區，二〇一八年以前屬於越南天主教會的榮市（Vinh）教區。榮市本身是乂安省省會，而這個教區的現代教會組織可以上溯至十九世紀中法國殖民以前，由於所轄的乂安、河靜和廣平三省（無論從南方或北方的角度來看）都是貧困的「邊省」，除了歷史非常悠久，同時也很有抵抗統治者的傳統[21]。二〇一六年死魚事發生後，榮市教區在網路媒體上曝光度最高的堂區，並不在永安經濟區週邊，甚至也不在河靜省或廣平省，反而是由鄧友南（Đặng Hữu Nam）和阮廷淑（Nguyễn Đình Thục）兩位神父所率領的乂安省瓊瑠（Quỳnh Lưu）縣天主教友。

瓊瑠位於乂安省北側，以海岸線計算大概在河靜鋼鐵北方一百五十公至兩百公里處。這個地區的居民從二〇一六年下半年起就不斷控訴乂安也有受災情形，卻被排除在災區範圍之外。他們在兩位神父的帶領下發起過多次示威遊行，甚至嘗試向乂安的法院提起賠償訴訟，都沒有結果。

二〇一九年十月下旬，英國發生舉世震驚的貨櫃車偷渡客集體死亡慘劇，在證實死者全部來自越南之後，其中多人的家鄉乂安省安城（Yên Thành）縣瞬間受到西方媒體大量關注。當時頻繁出現在報導中的天主教會神父，正是前一段時間還在領導抗議台塑的鄧友南。儘管安城並不靠海，鄧神父仍告訴外國媒體，乂安之所以有大量人口必須到海外偷渡求生，主要正是因為三年多前台塑嚴重污染了海岸環境[22]。

乂安沿海在二〇一六年四至五月間到底發生什麼狀況，迄今缺乏完

註21 Keith, Charlie (2012). Catholic Vietnam: A Church from Empire to Nation. Berkley, CA: University of California Press

註22 Reuters (2019, October 26). Rural Vietnamese Mourn Loved Ones Feared Dead in Back of British Truck. Retrieved from: https://uk.reuters.com/article/uk-britain-bodies/rural-vietnamese-mourn-loved-ones-feared-dead-in-back-of-british-truck-idUKKBN1X503M

整的一手報導或資訊，但以洋流的歷史記錄以及河靜省的災害分布來看，恐怕難以歸咎於河靜鋼鐵。然在死魚事件的抗爭上，乂安的天主教人士一直不遺餘力，阮廷淑甚至是第一位來到臺灣為死魚事件發聲的越南天主教人士。細緻爬梳，會發現這牽涉了榮市教區與越南政府的關係變化。

二〇一七年末，《BBC 中文網》發表了一篇未具名的報導[23]，指出乂安省天主教會遭共產黨滲透並施以意識形態的內部統戰——報導中的消息來源，仍然是鄧友南。事實上，羅馬天主教廷與奉社會主義無神論的越南政府之間長期存在一種特殊的折衷關係。雖然兩國沒有正式邦交，但越南天主教會的總主教向來是由越南方面提出人選，再由教廷擇一任命。這樣的政教關係被稱為「越南模式」，通常被視為天主教會可以在越南較無後顧之憂地活動的原因。然而，越南不同教區也都有自己的地方性格，對理想的政教關係或有不同想法，有些地方政府跟教會的互動很容易引發衝突。

綜合歷史脈絡與居民訪談，天主教會組織抗爭，可能既是越南政府分化教會的原因也是結果。教會的確協助基層民眾發聲，介入方式卻使事件在政治上的效應變得更加複雜。更重要的是，死魚事件的對抗行動將訴求高度集中在事件本身，主張受災認定不公、必須擴大範圍並追加更多賠償金額，一方面卻受限

註23 BBC中文網（2017年11月23日）。上帝與共產黨同在：越共如何把天主教徒轉化為黨員。檢自：https://www.bbc.com/zhongwen/trad/world-42092507

於越南的政治環境，一直沒能對整體狀況提出比較完整且讓人信服的調查與分析。當溯期愈來愈長，訴求的合理性反而愈顯薄弱。

二〇一八年底，越南天主教會將河靜、廣平兩省從榮市教區分離出來，另成立了河靜教區，主教一職由榮市教區原本的主教阮泰合（Nguyễn Thái Hợp）出任。河靜教區成立後，跨國訴訟的行動正式由河靜教區承擔。

二〇一七年夏天，阮泰合就曾帶著兩位廣平省淨江中游地區的堂區神父來台。談及天主教會如何評估各地受災情況？Cồn Sẻ 堂區的阮成竟神父說：「今年漁獲量大概只有去年同期的六十％。而品質的部分，究竟現在魚還有沒有被重金屬影響，我們不知道。但居民也沒有選擇，一面擔心，一面還是得吃。」

天主教會主張，台塑對漁業的衝擊，連帶影響上下游的魚販、餐館與運輸業，台塑公司提出的五億美元賠償，以四省「全部人口的十年損失計算」，平均一人只得一包泡麵的賠償。阮泰合強調，持續抗爭是為求「公開的程序」。「究竟有哪些有毒物質進入海洋？這些成份會造成海洋生態和人民健康多少影響？住在那邊的漁民要多久時間才可以重新感到安心？我們要的是這些，不是賠償。」然而，就算台塑付起全部調查和復育責任，越南政府的角色仍然模糊。「越南政府和河靜鋼鐵站在一起。」阮泰合說。

越南本地的行動困境，使他們期待臺灣的既定制度能逼使台塑回應，實際情況，臺灣的行政部門並未對台塑施壓，導致對抗方轉向司法，以訴訟進攻。這樣的訴求卻被限縮於被動的損害賠償，使其他能積極治理的作為，缺乏著力點。

與重工業為鄰的城鎮化未來

從臺灣經驗來看，永安經濟區與河靜鋼鐵的未來發展，將會形成一棘手環境課題。

河靜鋼鐵在二〇一七年五月底正式投產不過一年時間，就在二〇一八年五月又接續點燃二號高爐，進入量產階段。雖然受到越南市場近期面臨大量傾銷的影響，二〇一九年底台塑決定暫緩興建三號高爐，長期來看東南亞的鋼鐵需求仍持續看好。

根據世界鋼鐵組織（World Steel Association）統計[24]，二〇一六年越南已是全球鋼鐵進口量第六大的國家，達到十千九百五十萬噸；若計算淨進口量則是一千七百萬噸，高居全球第二，僅次於美國，顯示越南是一個國內鋼鐵生產不足但又有極高需求的國家；而且緊跟在它身後，淨進口量第三名、第四名分別是東南亞的鄰國印尼、泰國，也說明東協是一個龐大的鋼鐵消費市場。

根據越南國家統計局數據，截至二〇一八年底為止，河靜省累計的外國直接投

註23 World Steel Association (2017). World Steel in Figures 2017. Brussels: Author.

資總額是一百一十七億美元左右。單單河靜鋼鐵就佔了整個省外資的九成以上。

河靜鋼鐵從建廠那一刻起，便逐漸為永安經濟區帶來了明顯的城鎮化。建工程廠最直接的影響是產生大量暫時移入的人口，河靜鋼鐵在這個階段不計包商，至少都就有上千名員工。這些外來人口使廠區前的幹道上產生連綿數公里的商業發展，除提供各種日常生活所需的零售生意，餐廳、旅館、三溫暖、卡啦OK、電玩遊樂場，也如雨後春筍不斷冒出。

二〇一五年四月，河靜省將永安經濟區內十一個村社自奇英縣分離出來，升格為奇英市社（thị xã）。其中，靠近河靜鋼鐵大門一帶的奇芳（Kỳ Phương）、奇蓮（Kỳ Liên）奇隆（Kỳ Long）這些「社」都改制為城鎮行政體系下的「坊」，也充分說明了環境變化。

陳氏英原在橫山腳下務農維生：「米很好種，一年收成兩次，一公斤可以賣十萬，收成足夠一年生活。」但她的土地遭經濟區開發被徵收而破碎化，索性放棄務農。鋼廠開發後，臺灣人看中她的臺灣經驗，投資她在奇芳經營一家供應台式香腸和蛋餅的小吃店，「這種模式在鋼廠一帶更大規模的娛樂、餐飲事業中更是常見。」陳氏英說。

因為能做臺灣人比較熟悉的食物，建廠那幾年生意一度很不錯，但現在「工廠蓋完了，很多臺灣人都回去了。」她的丈夫原本也在鋼廠裡擔任電工，但她略帶著無奈地說：「現在廠區工作也沒這麼多了，他已經休息兩個月都接不到工作。」

這對夫婦的情況並不特殊。

河靜鋼鐵正式營運後，員工人數從三、四千人一路往上成長，其中大多數是越南人，臺灣員工和建廠協力單位中冶集團所派駐的中國員工，在比例上的確變少。然而阮泰合指出，除建廠初期需要大量建築工，「否則受僱的越籍員工絕大多數是來自外省份的專業人員。」

曾在河靜鋼鐵環安衛部門任職的徐子欽（化名），回憶離開前廠內的狀況，也證實絕大多數越籍員工都在廠區的生產線上，平均薪資約莫只有台籍員工的十分之一；必須是坐辦公室的越籍員工，才可能有臺幣一萬元左右的薪資，「但很少人可以坐辦公室，通常是能說中文的大學畢業生。」顯示河靜鋼鐵並未替當地帶來長期就業機會，經濟效益是以廠區基礎建設為主的中短期工地經濟。

儘管如此，光是河靜鋼鐵的就業人口，就達到奇英市社全部人口的近十分之一。擔任廠務的阮河蓮，跟丈夫是在廠內認識後結婚，生了孩子之後，搬出廠區一家三口在外租房。她告訴我們：「越籍員工只有單身宿舍，結婚就一定得搬出來。跟我們一樣的夫妻員工還不少，都在廠區周圍租房子。」有大學學歷的她，坦言選擇這份工作純粹因為薪資比本地企業高，所以「我不太擔心營運後的狀況，反正打拚個幾年就要買自己的房子。」

二〇一六年十一月，河靜省政府批准台塑投資興建另一批員工宿舍。這項提案的開發面積一共十九公頃，包括了低收入人員的公寓，以及高收入人員的別墅、住宅、幼兒園、購物中心和公園等設施。永安經濟區管理委員會在接受當地媒體訪問時坦言，這項計畫意味著「我們將投資房地產業務」；而當媒體進一步詢問新建住宅是否只提供給河靜鋼鐵的員工購買？委員會的回應則非常巧妙：「一切端看房地產業務法。」

當出口快速擴張、經濟飛躍成長，資金熱錢就開始湧入非生產性投資的房地產市場。二〇〇八年越南房地產曾因金融風暴而泡沫化，但隨著近年經濟成長率逐漸回升，越南政府隨即推出了住房低利貸款，刺激一般家庭買房；二〇一四年底國會又通過《住房法》修正案，讓外國人也可以持有房屋，造成房地產部門的新登記外資和增資金額都出現大幅增長。這些因素加總起來，都造成土地炒作與房產交易的熱浪重新席捲而來，即使只是在河靜省，也催生出不少大規模的建案開發。

然而，永安經濟區內面臨再定居問題的居民，非但沒有條件衝上房地產的浪頭嬉戲，還得承受更多與大型開發為鄰的副作用。阮泰合就提到，越南物價這幾年上漲很快，「同樣的賠償條件，東安村民如果才現在決定搬到新的地方，要蓋一棟房子可能是不夠的。」但儘管如此，他也表示：「教會知道政府還沒有放棄拆遷計畫，以我們的立場，就是完全交由人民自己來選擇。

「拆遷賠償的問題，教會不介入。」阮泰合只強調：「東安村民有自由選擇的權利。」

可是，只要已容納了大型重工業的經濟區會繼續發展下去，區內的居民若無法直接離開，終究都得找到不同於往昔的可持續營生方式，同時也會承受更多的長期健康風險，接不接受拆遷，到頭來似乎是殊途同歸。

「不管越南政府或外資，都沒有做好真正的經濟發展準備。」徐子欽提到：「死魚事件發生後，越南政府要求我們進行廢水監測的連線處理，台塑為了生產，當然立刻安裝，但設備裝上去後，要連線到越南政府部門，但河靜省環保局卻無法接收，因為沒有相應設備。」

無論廢水或廢氣，河靜鋼鐵現在的排放量都肯定比試車階段大上許多。儘管越南政府曾在「16/2007/QD-TTg」號決議中規劃在二〇二〇年前全國將自動空氣質量監測站數量至少倍翻至一定數量，仍恐怕緩不濟急。參照台塑在臺灣造成的空氣污染情況，再加上日商三菱集團也可能投資永安灣內第二號火力發電廠的開發，目前正被日本、越南兩地的環保團體密切緊盯著[25]，永安經濟區內發生更多反空氣污染、反開發的抗爭，幾乎是可預見的未來。

「河靜鋼鐵開始試車後，居民就開始生病，例如支氣管的毛病，醫院一時檢查不出嚴重病兆，但生理上的不適並沒有停止，只要回到村裡，就會不舒服。」東安村民的再定居區離舊村直線距離僅六公里，梅盛認為：「這顯示政府在搬遷居民時，也沒有考慮大煉鋼廠的空氣污染擴散範圍。」二〇一七

註23 No Coal Japan (2020, March 2). Don’t Support Vung Ang 2 Coal-Fired Power Project in Vietnam with Public Money. Retrieved from: http://www.nocoaljapan.org/dont-support-vung-ang-2-coal-fired-power-project-in-vietnam-with-public-money

年二月，東安村民還發現，生活用水仰賴的溪流上游，也疑似遭到污染。「空氣污染物隨雨降入河流，水質中檢驗出重金屬鉛。」梅盛表示，政府在發現污染後，緊急透過拉管輸送飲用水給居民使用，然後就說一切安全無虞，「但政府對工廠進駐後可能造成的健康風險根本沒有評估，種種環境變化，讓人對國家失去信任。」

看著一旁天真無慮玩耍的兒子，梅盛喃喃自問：「我只有一個小孩，現在才六歲，未來這裡的生活環境，真的能讓他平安長大嗎？」

MALAYSIA

中國因素

染「紅」的馬來半島：關丹三部曲

文／林佳禾、游婉琪

01 檳城
02 巴生
03 吉隆坡(首都)
04 馬六甲
05 吉蘭丹
06 登嘉樓
07 珍拉丁
08 林明
09 馬中產業園區
10 關丹
11 柔佛
道路交通

土地面積	約330,345平方公里
人口數	約31,528,585人
語言	馬來語(官方語言)、華語、印度語
族群	馬來人、華人、印度人、其他
宗教	伊斯蘭教、佛教、基督教、天主教、印度教

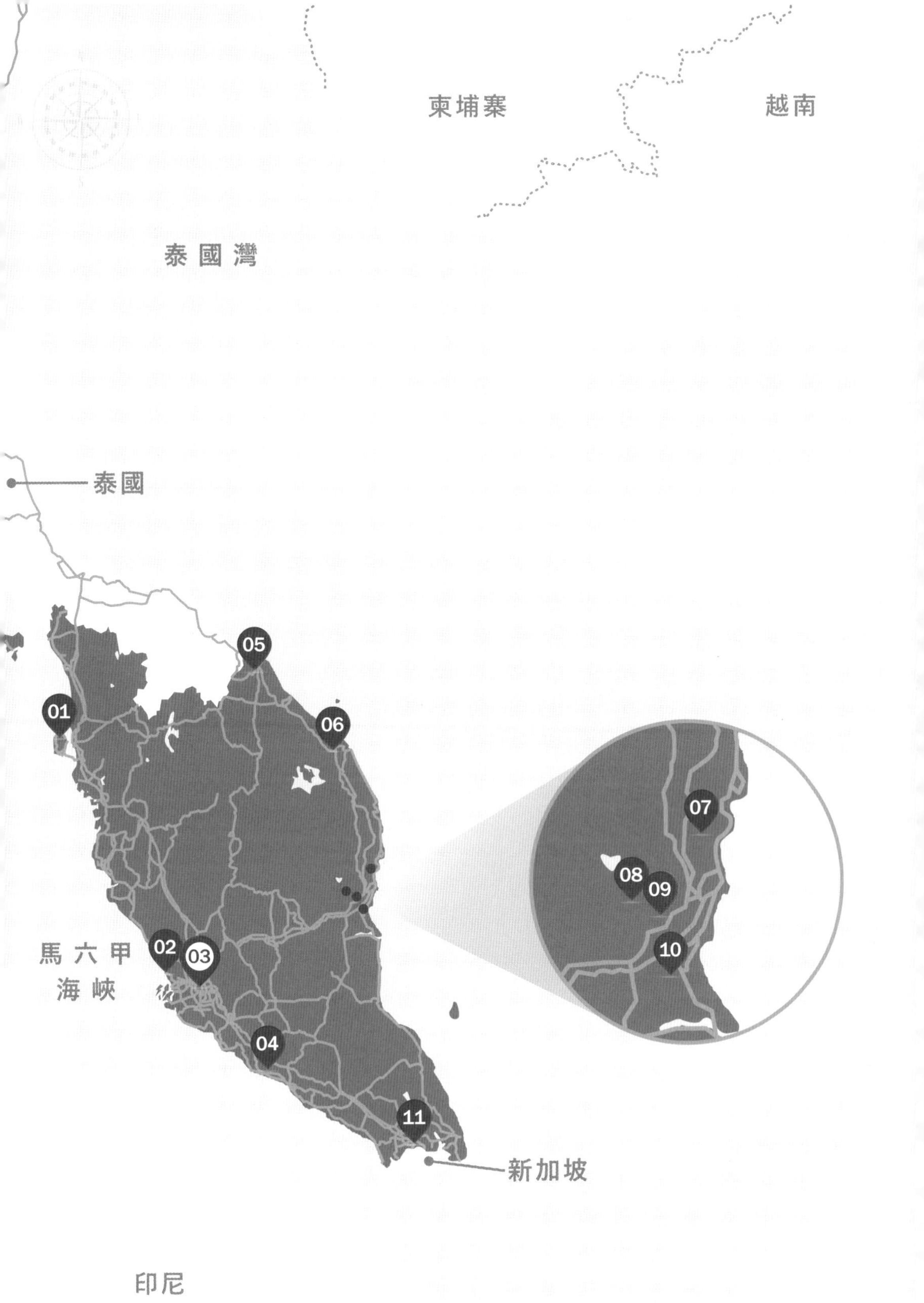
柬埔寨
越南
泰國灣
泰國
01
05
06
07
08
09
10
馬六甲
海峽
02
03
04
11
新加坡
印尼

Kita ghairah merubah sebanyak tanah bertuah
konon demi rezeki alam dan udara kita.
Kita sengaja terlupa tanah cicit yang syahdu,
tuli akan senandung insan dan unggas nan merdu.

我們熱衷於盡多改造土地
彷彿是為了自然需要與空氣
我們刻意遺忘這片土地的美
如聾子般聽不見美麗的鳥鳴聲

Dari denai ke rimba dan sungai ke samudera
terdengar rintih ombak meraung bumi sejarah.
Pernahkah kita bertanya pada Gebeng terluka—
bersyair, berpantun demi kebahagiaannya?

從小徑到森林，從河流到海洋
我們聽見海浪瀰漫痛苦的聲音

我們可曾問過受傷的格賓
為它而唱歌唸詩？

Kita hanya memacakkan gedung dan kilang zahir
merela bumi Gebeng teracun beransur cair.
Kita sedang alpa malah amat bangat terlupa—
harta terkini menutup masa depan yang lara.

我們只顧著起建築與工廠
讓格賓慢慢地中毒身亡
我們又粗心又健忘——
忘了今天的資產覆蓋了悲慘的未來

Di sisi mewah harta cemar sejarah bermula,
kita sedang memahat hikayat tragedi bangsa.

在奢華面前大地污染的歷史將重新上演
而我們正在塑造人類的悲劇故事

這是一首名叫〈受傷的格賓〉（Gebeng Yang Luka）[1]的馬來文短詩。作者沙末賽益（A. Samad Said）是馬來西亞國寶級文學家，他是一九七九年東南亞文學獎（S.E.A. Write Award）於泰國設立時的史上第一位得主，一九八六年也得到馬來西亞國家文學獎（Sasterawan Negara）的榮耀。

格賓工業區（Gebeng Industrial Area）位於馬來西亞半島地區的東海岸一側，隸屬於彭亨州（Pahang）首府關丹縣（Kuantan），往南距離關丹市中心只有二十多公里的路程。格賓工業區，以及一旁緊鄰著的關丹港，都是在一九七〇年代就規劃設立了。從這裡離岸，往東是廣闊的南中國海，往北則進入暹羅灣，地圖上看起來區位條件似乎不差，但四十多個年頭過去，還是很難不讓人感覺到缺乏生氣的荒蕪感。

二〇〇八年，一家來自澳洲的稀土公司萊納斯（Lynas）為了在國際市場上與中國爭雄，打算在格賓投資設立一座稀土提煉廠，引發地方上對環境安全的疑慮。群眾的行動後來演變成了馬來西亞史上集會規模最大的反公害運動。晚年積極參與社會運動的沙末賽益，因此寫下了〈受傷的格賓〉，好幾次親自現身在抗爭現場朗誦。

然而，當時的抗爭沒有成功阻止萊納斯建廠營運，而曾經齊聲朗誦過這首詩的抗爭者，肯定更料想不到：不久之後，關丹又出現一波向中國出口鋁土礦的開採狂熱，漫天塵土一度染紅了整座城市、港口和海洋；而同一時間，中國也直接進軍了這片土地，除了開始在格賓

註[1] A. Samad Said (2011, October 7). GEBENG YANG LUKA. Retrieved from https://www.facebook.com/notes/a-samad-said/gebeng-yang-luka/10150874305700495（中文翻譯：Olivia Yeo）

01 鳥瞰關丹市區與關丹河下游。（圖：林佳禾）

建立與廣西省欽州市對口的雙邊工業園區、吸收關丹港股權與馬方共同經營，甚至以「一帶一路」之名，深度參與這個國家規模更為宏大的一項鐵路建設計畫。

地方發展受中國所牽動，甚或直接仰仗中國投資，在馬來西亞不是什麼稀罕的狀況。不過關丹近十幾年來經歷的事情，在「紅色入侵」的表象之下，有東海岸發展落後的長期情結、彭亨難以鬆動的社會關係與政治結構，乃至於大馬追求國家政權民主輪替不斷遇到的各種戲劇性變局，全都糾纏在一起，或許是一個特別值得借鏡反思的例子。

一帶一路

二〇一三年，中國國家主席習近平提出「一帶一路」倡議，也就是「絲綢之路經濟帶」和「二十一世紀海上絲綢之路」。中國政府希望多項基礎建設和投資，連結中國大陸、中亞、北亞、西亞和印度洋、地中海沿岸、非洲、南美洲等地區，發展全球性的新外交策略，並企圖取得政治、經濟與軍事戰略的主導地位。

半島東海岸的「落後」開發史

彭亨的土地面積佔整個西馬的近四分之一，是半島上最大、位置最居中的州屬。它的上半部是中央山脈的心臟地帶，擁有包括半島第一高峰大漢山（Gunung Tahan）在內的茂密熱帶山區叢林，也是半島第一大河彭亨河的發源地；它的下半部，則是由彭亨河中下游以及其他小河流的流域各自蜿蜒切割出來的丘陵地形為主。它跟北方的登嘉樓（Terengganu）和吉蘭丹（Kelantan）、西邊的霹靂（Perak）和雪蘭莪（Selangor）都是以山脈接壤；南側與森美蘭（Negeri Sembilan）及柔佛（Johor）的州界處則相對平緩。

十五世紀初，統治者來自蘇門答臘的馬六甲蘇丹國（Malacca Sultanate），以馬來半島西南為根據地，建立了盛極一時的跨海峽王朝。馬六甲是第一個能把半島東、西兩岸都有效納入封建治理版圖、而不僅維持宗主與臣屬關係的政權，也是半島土邦普遍伊斯蘭化的開端。但一百多年後，馬六甲城被葡萄牙人攻陷，王朝瓦解，海峽上從此展開了長達三百多年歐洲人（先有葡萄牙人，後有荷蘭人、英國人）、四周蘇丹國與海上民族之間錯綜複雜的對抗與合作。歐洲人的到來，也說明馬六甲海峽正隨著世界跨洋貿易的規模不斷擴大，加速蛻變成為一個愈來愈重要的戰略地點。馬來半島西海岸和東海岸的地緣價值，從此浮現了明顯的落差。

進入十九世紀以後，荷蘭在東南亞的影響力減弱。從印度半島重返東南亞的英國，先後取得了檳城、新加坡和馬六甲，組成海峽殖民地（Straits Settlements），並且在一八二四年跟荷蘭簽訂條約，議定以海峽劃分南、北勢力範圍。此後英國人以海峽殖民地為據點，經過了半個多世紀，才陸續將整個半島都納入實質控制範圍。這段時間，世界文明因為工業革命發生了天翻地覆的改變，英國人為了將馬來半島打造成為全球最主要的錫礦和橡膠產地，也把現代化帶進了半島，但他們的經營與建設仍偏重在狹長的西海岸走廊，在東海岸的開拓相對有限。

海峽殖民地成立初期，馬來半島上大部分還是未經開發的原始森林，加上英國採取自由貿易和鼓勵移民的立場，一開始既不太直接參與生產活動的開拓，也不太干涉土邦內部事務。當時半島上的土邦並不系出同源，但卻有一個共同特色：很容易因為徵稅權力的分配問題、統治者或封銜的繼承爭議而發生動亂。十九世紀中期，霹靂、雪蘭莪和森美蘭先後爆發內部紛爭，讓開始想實質控制半島的英國得以趁機介入調停，然後進一步派遣參政司（Resident）並成立州議會，以接手行政事務、架空王權。

一山之隔的彭亨，狀況也好不到哪去。一八五〇年代發生內戰，勝出的新蘇丹以彭亨河口的北根（Pekan）為王城，但對廣大內陸腹地的控制力不強。由於這個政權遠在半島另外一邊，英國人起初並未積極介入。直到一八八〇年代，英國擔心其他勢力搶先壟斷內陸的經濟利益，才多次前往遊說蘇丹，終於在一八八八年派出第一任參政司。當時英國才剛開始在馬

01（圖說待補）

來半島上發展陸路交通，海峽殖民地官員第一次深入彭亨內陸時，得繞過整個半島南部，才能從東海岸進入彭亨河流域；但派出參政司後，考量到彭亨北部山區仍有土酋反抗，再加上英商想開發和探勘山區礦藏，英國人挑選了一個遠離海岸和北根王城的地點，以產金礦的山中小鎮瓜拉立卑（Kuala Lipis）為彭亨的行政中心。

一八九五年彭亨和霹靂、雪蘭莪、森美蘭合組的馬來聯邦（Federated Malay States）成立後，英國的行政權力進一步擴大，建設腳步也加快；等到一九一〇年代玻璃市（Perlis）、吉打、吉蘭丹、登嘉樓和柔佛等馬來屬邦成立，西海岸已經有能從新山（Johor Bahru）連接到檳城的鐵路和公路，但東海岸仍近乎一片空白[2]。

02 帶動關丹發展的昔日錫礦重鎮林明。（圖：鄧駿毅）

缺乏交通建設不代表沒有市鎮發展，關丹就是一個例子。關丹河的流域比起彭亨河雖然小巫見大巫，但因為有林明（Sungai Lembing）和甘孟（Gambang）這兩處錫礦產區陸續興起，讓河口的關丹在一九一〇年代已經取代北根，成為彭亨在沿岸船運路線上的主要泊靠點。

「有林明，才有關丹！」梁榮業是一位從事手繪廣告看板的老師傅，我們相遇時，他已經八十六歲了。老先生在關丹生活了六十多年，雖不是土生土長，但也熟悉地方上老一輩華人都琅琅上口的關丹故事。

林明位在關丹河上游山區，錫礦開採可以追溯至十九世紀中葉。最初由華商得到蘇丹授權開礦，但英國入主彭亨之後，英商取得林明的土地租借權，擴大開採規模，也吸引更多華人湧入；英國公司幾經改組但一直持續營運，不僅開礦也負責造鎮，直到一九八六年礦場完全關閉才結束。之所以長期投資，主要因為這裡曾是全球規模數一數二的地底錫礦場。「林明錫礦最好的時候，地下礦坑隊道接起來，長度可以從關丹一直到新加坡！」梁榮業振振有詞地說著。

那些年，林明錫礦挖出後會先以小火車運到關丹河中游，再利用船隻送到出海口轉運至新加坡。往來新加坡的蒸汽船每週固定進出，促使關丹逐漸發

註2 Dick, H. & Rimmer, P. (2003). Peninsulas: Malaya and Annam. In Cities, Transport and Communications: The Integration of Southeast Asia Since 1850. London (pp.186-215). UK: Palgrave Macmillan.

展為市鎮。不過由於錫礦都轉運出口，沿海除了漁業沒什麼其他產業，往內陸的交通又不便，關丹其實形同孤立於東海岸一隅，雖然有商貿活動，但直到一九五〇年代梁榮業剛搬到關丹時，仍然「只有前後、後街兩條街」，看不出今天的模樣。

一九一〇到一九三一年之間，英國為了從北方的暹羅進口米糧，以供應人口日增但卻缺乏稻作土地的半島南方，花了超過二十年，才完成一條從半島中央縱貫彭亨內陸、經過瓜拉立卑再穿越山區抵達吉蘭丹的鐵路。這條至今仍在營運的路線被定名為「東海岸鐵路線」（East Coast Line），但其實距離東海岸很遙遠，反而被暱稱為「叢林鐵路」[3]，因為受限於山區地形，行駛速限低，晚近甚至成了以大自然體驗為主的觀光型鐵道。

且不說鐵路，以二十世紀前期的工程技術，要修築一條穿越馬來半島的橫貫公路，或者一條連接東海岸各州屬的海岸公路，雖然會遇上地形環境、季節天候的考驗，應該還是可以做到；但實際上由於人口和經濟的誘因不足，後來又受到二戰影響，這樣子的兩條公路在英殖時期始終都沒有完成。一直要到太平洋戰爭爆發前夕，關丹才能沿著海岸公路北上登嘉樓，而橫越半島抵達吉隆坡，更得等到一九五五年才實現了。

註3 Ram Suresh, B. (2019, April 14). Down memory lane: On board old 'Jungle Railway'. New Strait Times. Retrieved from https://www.nst.com.my/news/nation/2019/04/479333/down-memory-lane-board-old-jungle-railway

巫統的「馬來人優先」政治

二戰後英國重返馬來半島，面對馬來民族主義與極左共產主義都非常高漲的激昂社會狀態。在逐漸成形的冷戰格局下，英國想當然全力鎮壓、清剿後者，而設法懷柔前者。他們與馬來菁英發起的「馬來民族統一機構」（United Malays National Organization，UMNO，簡稱「巫統」）合作，將議會聯邦制擴大至半島所有州屬、同時納入檳城和馬六甲兩個海峽殖民地，組建成一個新政體：馬來亞聯合邦（Federation of Malaya）。

聯合邦時期發生了許多歷史大事，但對彭亨和關丹的未來影響最多的，卻是一位年少得志的巫統政治領袖崛起。

他是來自北根一個貴族家庭的阿都．拉薩（Abdul Razak Hussein），戰前在有「東方伊頓」之稱的江沙馬來學院（Kolej Melayu Kuala Kangsar）接受教育，戰後則赴英國攻讀法律，是一位標準的馬來菁英。一九五〇年，拉薩返國加入巫統，隨即當選青年團團長，一年後更被推舉為副主席。一九五二年，他被派到瓜拉立卑出任彭亨的助理州秘書，在那裡他遇上兩件重要的事：其一是長子納吉（Najib Razak）出生，其二是州政府決議要遷移至關丹。

由於表現出色，又是巫統要角，一九五五年二月，拉薩以三十三歲之齡被拔擢為彭亨州務大臣，領導州政府遷移至關丹的最後一哩路。到了六月，他因為參與馬來亞聯合邦首次

（也是唯一一次）立法議會選舉而卸任，一個月後在家鄉北根勝出，成為中央的立法議員。一九五五年八月二十七日，關丹正式成為彭亨首府，得到了發展的絕佳機遇。回溯這段過程，名義上執政才短短一百多天的拉薩，可以說一直是最有力的推手。

立法議會選舉沒有減緩馬來亞獨立的聲浪，反而因為巫統、馬華公會（以華人為主）和國大黨（以印度人為主）組成的「聯盟」（**Perikatan**）幾乎席捲了所有民選席次，更有利與英方談判。一九五七年八月三十一日，馬來亞聯合邦正式獨立，立法議會所有民選議員直接轉任為國會首屆議員。原本即出任政府首席部長的巫統主席東姑（**Tunku Abdul Rahman**）被推舉為第一任首相；而那一年才三十五歲的拉薩，則成為僅在一人之下的副首相，同時還兼任內閣部長。

獨立後短短十多年之間，這個新生的國家又發生很多變化。主權方面，東馬加入、新加坡加入又再分家，聯合邦變成了今日的馬來西亞。外交方面，跟島嶼東南亞的鄰居（尤其是印尼）關係一度陷入對抗，但在防堵赤化的冷戰思維下，促成區域組織東南亞國家協會（**ASEAN**）成立。內政方面，憲法應否賦予馬來人特殊地位的爭議，使得巫統即使在政治上策略性地採取跨種族結盟執政，也無法解決多種族社會在文化上、經濟上的隔閡與信任矛盾。後來終於因為一九六九年五月全國大選的結果，導致了「五一三事件」的族群衝突與緊急戒嚴。

五一三究竟發生什麼事至今仍眾說紛云，但確定的是副首相拉薩當時代表政府宣布戒嚴，也是執行戒嚴的「國家行動委員會」（National Operation Council）負責人。一年後，東姑宣布辭職退休，已實質主導政府的拉薩正式接任首相。

拉薩在「例外狀態」下成為領導人，但反共的巫統沒有條件長期實施一黨獨大的極權統治，畢竟馬來人在經濟上還太過貧弱，國家的產業與財富若不由華人資本運籌，便是仍掌握在外國人手中。讓議會和內閣體制恢復正常運轉，繼續維持多種族執政的利益共生關係，然後在施政上努力提升馬來人的經濟地位，才是對巫統最有利的方向。

一九七〇年國會恢復召開後，拉薩隨即提出「新經濟政策」（New Economy Policy），其中的概念非常簡單：消除貧困、重整經濟結構，平衡各種族之間的落差。當時設定要在二十年之內要將土著（包括馬來人和原住民）於經濟事業持份（corporate equity）的比例，由二・四%大幅提升至三十%[4]。為了達到這個目標，拉薩政府高度干預經濟，除了大量擴張國營事業，也直接介入公共資源配置。一九七四年東海岸登嘉樓外海發現石油天然氣，馬來西亞隨即成立國家石油公司（PETRONAS）由政府全資經營，

註4 Jomo, K. S. & Tan, C. Y. (2008). The Political Economy of Post-colonial Transformation. In Law, Institution and Malaysian Economic Development (Jomo, K. S. & Wong, S. N. Eds. pp.22-53). Singapore: NUS Press.

後來進一步轉型成兼營上下游產業的國庫控股公司，就是一個例子。

除了改變資本的遊戲規則，從一九五七年起就一直擔任鄉村發展部長的拉薩，很清楚馬來族群結構性的弱點是缺乏中產階段，尤其生活在鄉村地區的廣大中下階層普遍極度貧困。因此，新經濟政策另一個重要的目標是要將半島上土著家庭的貧窮比例，在一九九〇年以前由四十九%顯著降低至十六．七%[5]。除了在社會政策上普遍開始實施「固打制」（Quota）以保障土著的分配優勢，拉薩還利用一九五〇年代就已成立的聯邦土地發展局（Federal Land Development Authority，FELDA）擴大推動墾殖計畫，募集無地的農村人口移居至待開發地區，統一分配土地，輔導他們從事種植活動（包括提供清理土地所需的低利貸款），甚至集中規劃居住區並提供基本住房。

直到一九九〇年代初停止新設為止，全馬大概出現了三百至四百個規模不一的墾殖區。目前身份登記上的墾殖民（地主）雖然只有十來萬人，但一般估計墾殖區居民總人數肯定在百萬

固打制

固打是英文「quota」（配額）音譯而來的詞。指最高元首（國王）可以指派任何大學或學院實行以種族配額為基礎的教育制度。

以上[6]。其中，既然土地面積最大，彭亨不意外地也正是墾殖區最多的州屬：以彭亨河中游的內陸丘陵分布最多，其中跨越三個縣治的增卡（Jengka）地區是號稱全馬最大、最密集的墾殖帶；此外，關丹河流域、北部山區也有不少。這些地方加起來至少有三十萬人，佔全州總人口的五分之一左右。

雖然FELDA最初並非為了扶持土著而成立，早期墾殖計畫也有華人、印度人參與，但新經濟政策推動後，「墾殖民」幾乎就跟「馬來人」劃上了等號。雖然大部分墾殖區直到今天生活條件仍不算好，但這種「恩給」式關係帶來的政治效應，就是這些地方幾乎都成了巫統及其盟黨的鐵票倉。

除了推動新經濟政策，拉薩也積極重整對巫統有利的政治秩序。一九七三年，在他的主導下，原本只有三個成員黨的「聯盟」吸納了更多外圍政黨（尤其是東馬的地區政黨），改組為「國民陣線」（Barison National，簡稱「國陣」）。隔年，國陣在五一三事件後第一次的全國大選得到六成選票、拿下將近九成的國會議席，從此壟斷了中央政府的執政權。

註5 Jomo, K. S. & Wee, C. H. (2014). Malaysia@50: Economic Development, Distribution, Disparities. Kuala Lumpur, MY: Strategic Information and Research Development Centre.

註6 Barau, A. S. & Said, I. (2016). From Goodwill to Good Deals: FELDA Land Resettlement Scheme and the Ascendancy of the Landless Poor in Malaysia. Land Use Policy, 54, 423–431. http://dx.doi.org/10.1016/j.landusepol.2016.03.009

01
02

01 墾殖區裡開發出茂密的油棕園。（圖：鄧駿毅）

02 關丹老街仍有許多華人老店舖。（圖：鄧駿毅）

一九七六年一月，拉薩在第二個首相任期內病逝，得年僅五十三歲；但他留下的巨大政治遺產，卻讓長子納吉在沒有競選對手的情況下，以二十三歲之齡贏得父親留下的北根國會議席補選。從此以後，納吉接下拉薩的棒子，在這個選區持續勝選至今。唯一例外是在一九八〇年代初，巫統安排納吉改攻州議會，讓他出任彭亨州務大臣以增加地方執政歷練；到了下一任期，納吉就重新回到國會，開始擔任內閣部長，一路在巫統的核心權力圈中往上爬升。有新經濟政策的恩庇效果打底子，再加上拉薩到納吉父子傳承的不敗神話，國陣就在彭亨建立了非常穩固的政權基礎。

一九八〇年代以後，馬來西亞進入馬哈迪（Mahathir Mohamad）領導的加速現代化時期。馬哈迪主政長達二十二年，由於曾擔任國際貿易與工業部長，又適逢東北亞（日本、韓國）經濟崛起，他特別熱衷發展製造業，尤其是重工業。他在新經濟政策的基調上進一步著重扶植馬來人的企業家階級，方法往往是私有化國營企業和允許特許事業，同時大幅開放市場，引進先後技術國的資本在新興產業與本國企業合作經營[7]。一九九一年，馬哈迪喊出「二〇二〇宏願」（Wawasan 2020），為了在三十年內讓大馬躋身世界先進國家，更加速推動多項重大基礎建設。凡此種種，雖然事後證明未能促使本國企業技術升級、累積對外競爭能力，但的確讓馬來西亞成為國際投資寵兒，看起來一片欣欣向榮。

註7 斯塔威爾（Studwell, J.）（2014）。成與敗—亞洲國家的經濟運作之道（楊濤斌、蔣文豪、楊雋譯）。台北：八旗。（原著作出版年：2013）

然而，從區域發展的角度來看，馬哈迪的施政對平衡馬來半島東、西海岸的經濟落差並沒有什麼幫助；反而因為開放市場，又全力在西海岸搞大型建設，某種程度恐怕還加深了不均衡。從一九七〇年代以來，彭亨的平均家戶收入大致能保持在半島上後段班的排頭，但消除貧窮的表現卻不進反退。

此外，自一九七六年第三大馬計畫以來，彭亨在每一期國家的計畫經濟中幾乎都能分配到全國前五多的預算，但它的道路建設卻一直是半島上數一數二的差，都市化程度的排名更是不進反退。一九九四年，東海岸大道（East Coast Expressway）高速公路終於開始規劃興建；直到二〇〇四年八月第一階段完工通車，從關丹到吉隆坡的陸上交通時間才能縮小到「只」需要三小時左右。

那個時候，馬哈迪時代已經先一步謝幕，馬來西亞也即將要進入另一個瘋狂的時期了。

海嘯捲起的反萊納斯運動

馬哈迪在一九九〇年代末帶領馬來西亞從亞洲金融風暴中迅速脫身，讓他的「現代化之父」形象又添了幾分色彩；但同一時間卻因為與副手安華（Anwar Ibrahim）決裂、以肛交罪和瀆職罪陷其入獄的政治鬥爭，引發了社會上號召民主化改革的「烈火莫熄」

（Reformasi，馬來語「改革」之意）運動，也致使安華從巫統出走、整合支持者成立新的反對黨。這件事，埋下了未來大馬政局變化的重要因子。

二〇〇六年，安華宣布將重新投入議會政治。他領導的人民公正黨（Parti Keadilan Rakyat，PKR）和民主行動黨（Democratic Action Party，DAP）、伊斯蘭黨（Parti Islam Se Malaysia，PAS）發起了「乾淨與公平選舉聯盟」（簡稱「淨選盟」）要求選舉制度改革。二〇〇七年十一月，隨著大選的腳步愈來愈近，國陣政府技術性阻擾安華投入選舉，促使淨選盟在吉隆坡發起了一場穿著黃衣的 Bersih（馬來語的「乾淨」之意）集會，以抗議制度不公。

二〇〇八年三月八日，馬來西亞舉行第十二屆全國大選，結果發生數十年來前所未見的「政治大海嘯」。國陣雖然再度獲勝，卻頭一次沒有取得國會三分之二席次的絕對執政優勢。當時世界正在經歷由美國華爾街所引爆的全球性金融危機，以及伴隨而來程度不一的經濟衰退。保住了政權卻顯得十分踉蹌的巫統，面對內外變局，為了穩定國陣的執政優勢免不了要展開清算，接班馬哈迪的阿都拉（Abdullah Ahmad Badawi）提前交棒下台。納吉當選巫統新任黨主席，順理成章成為執政黨領袖。

從彭亨州務大臣、北根國會議員，納吉一步步循著父親拉薩曾經走過的腳步，在二〇〇九年四月終於走到了最高的位置，正式就任馬來西亞第六任首相。

01

01 低調隱蔽的萊納斯稀土提煉廠。（圖：蘇曉楓）

另一方面，在這一場海嘯之中，在野聯盟不僅在五個州屬贏得執政權，國會議席也從二十席一口氣暴增到了八十二席，激增近四倍。這使得他們難得獲得充分的政治舞台，也讓不少活躍的政治新秀浮上檯面。出身自婦女團體、在「烈火莫熄」運動後成為公正黨創黨成員之一的傅芝雅（Fuziah Salleh）就是其中之一。她在關丹第三度參選，終於成功當選國會議員。這件事情有多不容易呢？要知道，即使在全國範圍發生政治大海嘯，但國陣在彭亨十四個國會選區裡仍壓倒性地取得十二個席次、四十二個州議席則拿下了三十六個；即使在傅芝雅成功勝出的選區範圍內，也沒有任何在野黨候選人能進軍州議會。

既然成為了地方上選出的代議士，傅芝雅進入國會之後也就特別關注跟地方有關的議題。二〇〇八年，一家來自澳洲的稀土開採公司萊納斯向馬來西亞政府提出在關丹的格賓工業區興建一座稀土提煉廠的投資計畫，引起了傅芝雅的關注。

有「工業味精」之稱的稀土，是包含鈧、釔、鑭系元素等十七種化學元素的合稱。稀土做為用途非常廣泛的工業原材料，近年尤其隨著高科技製造業與國防工業快速發達，變得愈來愈有價值。事實上，稀土在地層中並非真的很「稀少」，只不過開採後必須精煉才能將需要的元素提取出來，但過程無可避免會留下大量的低放射性廢料，如何處置是困難的課題。因此儘管需求量不斷增加，取不取用這種資源，許多國家的態度其實不無保留。

中國除了擁有全世界最豐富的稀土礦藏，長期以來也是第一大開採國和第一大出口國，出口額動輒達全球的八至九成之譜。由於高度掌握著供應端，二〇〇九年中國突然決定大幅降低稀土礦出口，致使稀土價格飆漲，雖然引起先進國家不滿，但也讓供應端都跟著躁動起來。萊納斯在澳洲西部內陸擁有一座大型優質礦場，卻受制於本地法規與環保團體監督，成本難以降低。他們一開始之所以動念想把礦砂運送到遠在五千多公里以外的關丹提煉，除了格賓工業區有低廉土地和勞力，還可以就近從關丹港進出口，輸出到馬來西亞作業比較容易合規，也是讓這筆生意得以划算的關鍵。因此，當中國拉抬了國際稀土價格，更讓他們認為這項投資勢在必行。

二〇〇八年底傅芝雅在國會針對萊納斯投資案提出質詢，也開始串連地方民眾、專業人士與非政府組織，試圖與行政部門對話。不過由於市場行情看俏，萊納斯抱著企圖鬆動中國壟斷地位的雄心，宣稱這項預計斥資二・三億美元的投資案，正式營運後每年可提煉兩萬兩千公噸的稀土，足以供應當時全球約十六%的需求量，如果排除中國，更可以達到三分之一[8]。依照這樣的產能，萊納斯估計每年能替馬來西亞創造十七億美元的出口額，相當於當時大馬年度總出口額的一%。由於這張空頭支票開得非常誘人，投資案順利在二〇一〇年通過審議，隨即批准動工興建。馬來西亞政府甚至以稀土產業極具前瞻性為由，反過來提供了萊納斯長達十二年的免稅優惠。

建廠工程啟動後不久，二〇一一年初日本發生了震撼世界的「三一一」大地震，福島核電廠輻射外洩釀成的巨大災害，使得輻射害人的疑慮頓時變成輿論比較有感的話題，也為反萊納斯運動打開了一絲契機。一群持續關注萊納斯的關丹本地公民，趁勢組成了「拯救大馬」委員會（Save Malaysia Stop Lynas，SMSL），與傅芝雅配合在關丹與彭亨州內展開宣講活動，同時也跟全馬各地的反公害運動展開了聯繫。

長期以來，環保議題在馬來西亞十分邊緣，一個地方的反公害運動很難獨自產生吸引全國注意的聲量。拯救大馬的核心成員多數是以華人為主、中年以上的草根民眾，雖然充滿熱情，但在彭亨這樣經濟相對滯後、政治特別保守的環境裡，願意聆聽他們解釋為何必須對抗外國投資、反對政府決策的人

註8 Bradsher, K. (2011, March 8). Taking a Risk for Rare Earths. The New York Times. Retrieved from https://www.nytimes.com/2011/03/09/business/energy-environment/09rare.html

其實非常有限。然而，二〇一一年馬來西亞圍繞在政治議題上爆發更大規模的風波，深刻影響了這一場地方抗爭後來的走向。

那一年，第十二屆國會任期大約過了一半。地方補選屢傳爭議，促使反對陣營意識到選舉改革必須繼續推動，才能讓政治大海嘯的成果不只是曇花一現。於是，淨選盟由無黨派的公民代表與社會團體出面正式組織化，政黨則退居二線。二〇一一年七月九日，淨選盟在吉隆坡警方從各路線封城的狀態下，依然號召人民上街舉行 **Bersih 2.0** 集會，包括安華在內的各反對黨領袖也跟進響應。警力出動催淚彈和水炮鎮壓，一共逮捕了一千六百餘人，造成大量群眾受傷，甚至有一人身亡。結果，這一場由國陣政府公開認定為「非法」組織發起的「非法」集會，反而促使納吉宣布將組成特別委員會討論選舉改革方向。

Bersih 2.0 是馬來西亞在社群媒體普及的時代下第一次的超大型公民行動。無論是支持方或反對方，訊息傳播與群體動員都不再只能倚靠媒體機構，而能在人與人之間直接產生更快、更大、更有機的擴散與連結，整個社會的確因為一場集會而躁動起來。

利用網路製造聲量，也為反萊納斯帶來了關鍵轉向。出身自東馬沙巴（Sabah）、擅長操作抗爭話題的環境運動名人黃德，在這個時候來到彭亨，促使反萊納斯在策略上與 **Bersih** 合流。二〇一一年十月，包括拯救大馬委員會在內的幾個不同團體，以「綠色盛會」（**Himpunan Hijau**）之名聯合在關丹發起集會。雖然活動規模不大，也沒有促成太多主流媒體報導，但已經成功地嫁接 Bersih 的餘勢，團結全馬各地的抗爭運動營造出「一方有難，八方來援」的氣氛。綠色盛會因此變成反萊納斯新的主旋律，黃德也儼然成為運動的看板人物。

不過，反萊納斯陣營提出的質疑和訴求還是沒得到什麼回應。關於放射性廢料處置的問題，萊納斯公司一直主張有技術可將提煉的殘餘物轉製成石膏及其副產品，即可再進行研發用於其他產品製造，不會給馬來西亞帶來積存壓力。聯邦政府的態度顯得曖昧，而彭亨州政府則全力支持萊納斯，認為稀土廠營運不會對周邊造成負面影響。

二〇一二年初廠區建設大致完工，馬來西亞原子能執照局（AELB）批准萊納斯的臨時營運執照，引起輿論一陣譁然。二月二十六日，綠色盛會發動了第二次大型集會，除了有一萬五千多位人從全馬各地湧入關丹，好幾個州屬也有同步聲援的行動。「綠色盛會 2.0」不只成功吸引了全國關注，更被喻為馬來西亞有史以來規模最大的環保反公害集會。相隔僅兩個月，因為國陣政府公布的選舉改革報告不符期待，淨選盟又在四月二十八日發起 Bersih 3.0 集會，並且在黃德推動下與反萊納斯串連，同步主打綠色盛會 3.0。這一場「黃綠盛會」可以說是 Bersih 運動史上的高潮，不僅在全馬各地引起串連，甚至激發旅居海外的馬來西亞人在全世界三十五個國家發起了同步集會行動。

然而，與 Bersih 合流雖然為反萊納斯帶來先前難以想像的聲勢，卻也產生了逆火。黃德有民主行動黨的黨員身份，隨著下一次大選接近，他計畫參選的想法也浮上檯面，這使得反萊納斯被批評為只是選舉操作的手段。雖然社會的關注度還在，但運動嘗試以司法程序阻止萊納斯取得執照都以失敗告終；綠色盛會孤注一擲地發起諸如佔領海灘、長程苦行、車隊圍城等仍具話題性的多次抗爭行動，還是沒能阻止萊納斯自二〇一二年底正式投產營運。

二〇一三年五月，馬來西亞舉行第十三屆全國大選，選情空前激烈。**Bersih** 運動巨大的政治動員能量，讓反對黨組成的人民聯盟（Pakatan Rakyat，簡稱「民聯」）獲得了些微過半的全國選票，但在單一選區制度下勝出的席次卻仍不敵國陣，地方執政也減少為三個州屬。不過，彭亨雖然還是由國陣穩穩拿下，民聯卻在國會議席和州議會議席都較前一屆大有展獲。除了傅芝雅連任成功，在反萊納斯運動負責媒體與宣傳工作、以關注永續發展與環保議題而知名的公正黨研究員李健聰，也以選舉素人之姿在關丹當選了州議員。

01

01 人民公正黨籍的彭亨州議員李健聰。（圖：蘇曉楓）

這次大選之後，隨著黃德將重心轉往彭亨內陸的其他抗爭與地方經營，綠色盛會在關丹也形同走入歷史，徒留下威名。不過，以本地居民為主的拯救大馬委員會，倒是繼續在崗位上默默地奮鬥。

「反萊納斯運動雖然不算成功，但也絕非失敗。」二〇一七年，我們拜訪拯救大馬委員會主席陳文德。儘管已是白髮蒼蒼的年紀，得知有人對萊納斯感興趣，他立刻搬出多年來持續整理的厚重資料，振振有詞地向我們說明：萊納斯的營運遠不如預期，年度產量最高只達到一萬兩千到一萬四千噸；曾經誇口廢料再利用，但至今沒有產品推出，廢料不斷堆積在廠區，根本無法處理。

拯救大馬後來一度把戰場延伸到海外，前往澳洲拜會當地民意代表、爭取媒體關注，甚至前往萊納斯股東會抗議，還發起過大馬和澳洲的網路同步公投，也獲得一些響應；但時間一久，陳文德也坦承進入沉潛期。就算從此無計可施，他認為萊納斯存在財務危機，也許「時間」會是運動最有利的武器；但長期而言，他還是期待年輕世代能接手延續，讓拯救大馬轉型成專業的環保組織。

那麼，年輕人到底都去哪裡了呢？

「當時事情很多很累，但現在偶爾還是會懷念那一段瘋狂時期。」

我們在關丹遇見一位參與過反萊納斯的在地青年 Kevin（化名），他提到當初拯救大馬委員會第一批參與的成員大多是資訊能力比較弱的長輩，因此自己從協助拍照、上網、發新聞稿開始，一路就參與了三年多，後來運動降溫，年輕成員必須各自回到工作崗位，當然也就逐漸淡出了。但他也強調：「反萊納斯是我第一次參與社會運動，過程中接觸到很多新想法、認識很多人。現在大家雖然各分東西，偶爾還是會約出來相聚。」Kevin 樂觀認為，參與這場運動的經驗帶動不少年輕人開始關注環境，後續依舊可以在其他議題中發揮影響力。

飛揚的紅土：鋁土礦開採熱

二〇一四年起，關丹民眾注意到戶外空氣中經常飄著紅色的揚塵，先是在市郊，後來市區邊緣也開始出現，一路蔓延到關丹港內；從早到晚，不斷出現滿載著紅土的羅里（重型卡車）穿梭疾駛，道路上所有設施都蒙上了一層紅灰，路面也積淤著即使下過雨也無法完全沖刷的紅色塵垢。當媒體開始報導，外界才恍然大悟，這是開採鋁土所造成的結果。

重量輕、強度高的鋁是現代日常生活中常見的設備材料，但真正拿來用於各種產品的鋁材，得先從含有鋁元素的土壤或礦物經加工後產生氧化鋁，才能再製而成。跟稀土類似，因為還需要提煉，礦土就依加工需求而有質量高低的差別。目前全世界對鋁需求量最大的國家，毫不意外地，又是近二十多年來經歷著高速建設與開發、隨時都渴望著大量原物料的中國。然而，中國的鋁土藏量僅占全球不到三%，加上質量較差、加工困難，導致長期以來必須仰賴進口。原本，中國的鋁土有超過八成從印尼進口，可是在二〇一四年，印尼政府決定暫時禁止出口未經處理的鋁土，以加強供應正隨著經濟發展而擴大的內需，結果當然造成國際供應短缺。中國必須尋找替代的進口來源，因而帶動了關丹的採礦熱潮。[9]

01

01 有些鋁土礦場距離一般人的生活環境非常迫近。（圖：蘇曉楓）

在關丹，只要挑對了位址，進行表層開採（surface minig）就能得到品質不差的鋁土，如果再花點成本引水就地洗滌，使鋁含量更高，價格還可以賣得更好。二〇一四年起，州政府陸續發出了數十張鋁土開採和出口的執照。出口在短時間內暴增，當然讓一部分人飽賺了投機錢財，但其他人卻必須承受環境破壞的代價。除了開採的土地紅土飛揚，鋁土運送到港口填裝的移動路線上，帶來了空氣汙染，道路、河川、海灘紛紛被染紅，甚至傳出周邊居民因吸入過多礦塵而致病的狀況。

由於漫天紅塵、滿地紅土實在無可否認，被媒體和網路輿論戲謔地稱關丹為「火星」。在民怨四起之下，向來有「流氓大臣」稱號的州務大臣安南耶谷（Adnan Yaakob），二〇一四年底在州議會公開促請礦務公司和運輸業者「賺錢要有良心」，並表示會召集相關單位討論如何加強取締破壞環境者。二〇一五年七月，州政府進一步宣布吊銷三十四張「臨時」開採執照，還宣示鋁土開採將很快絕跡於關丹，但實際上仍然沒什麼變化。

接下來，雪球甚至愈滾愈大。

那一年，馬來西亞爆發出首相納吉利用一馬基金公司（1MDB）中飽私囊的重大貪腐醜聞。沉寂一段時間的淨選盟在國慶日（八月三十一日）前夕發起 **Bersih 4.0** 集會，除了延續先前的主張，更把矛頭對準納吉，要求他辭職下台。馬來西亞社會再一次進入民情沸騰、社群網路上各種資訊傳播、行動串聯極度旺盛的狀態。由一群關丹本地居民發起的「終止鋁礦汙染行動會」（Gerakan Hentikan Pencemaran Bauksit，GERAM）也趁勢對媒體揚言，如果情況仍未見改善，來年將發起身著紅衣反對鋁礦汙染紅潮的大集會。就在緊繃的社會氣氛中，許多媒體開始以全國性新聞的規格大幅報導關丹的鋁土開採問題；環境部則在十一月發佈消息，表示針對關丹地區的溪流做過監測，發現多處的鋁、鐵和汞含量已達到危險程度。

隔年一月初，能源及天然資源部直接介入，與州政府聯合宣布一項為期三個月的開採禁令，也要求出口業者必須利用這段時間清空庫存、設立設備符合標準的存貨空間。同一時間，聯邦政府的反貪會以索取賄賂、包庇非法活動之名，逮捕了四名彭亨州土地與礦物局官員，還表示二〇一五年鋁土出口量因登記文件造假而被大幅低估，實際應收的稅估計至少應該比帳面數字高出五倍。

乍看之下，馬來西亞政府似乎有解決問題的決心，但禁令和查賄後來也變成了鬧劇。一月宣布要禁三個月，

1MDB 貪污醜聞案

一個馬來西亞發展有限公司（1 Malaysia Development Berhad），簡稱「1MDB」，是一家由馬來西亞財政部全資擁有的投資公司，成立於 2008 年。馬來西亞政府宣稱這家公司成立的目的是為了促進外商直接投資，以增進國家發展的戰略性利益。1MDB 參與多項馬來西亞知名的大型開發計畫，但累積有龐大債務。二〇一五年，馬來西亞首相納吉遭爆料指其長期利用 1MDB 將資金轉入個人銀行帳戶，總金額高達二十六．七億馬幣（約合近七億美金）。二〇一八年希盟政府上台後，重啟此案的國內司法調查，截至目前為止尚未結案。卸任首相的納吉雖被提控並限制出境，但仍保有國會議員身份。

四月宣布展延三個月，七月再展延兩個月，接下來在九月、十二月、隔年三月又連續展延三次。每一次展延美其名為「禁令」，但都附帶了允許業者儘速處置庫存的緩衝條件，出口從未真正停止。到了二〇一七年六月，安南耶谷乾脆直接宣布，聯邦政府決定將禁令延長至第十四屆全國大選以後，交給下屆政府來決定政策該何去何從。然而，因為禁令一直展延但地方上仍持續有非法開採與運輸活動的投訴，八月中反貪會一度宣布查封超過一千萬噸的庫存鋁土，但到了十二月底，又以政府已擬定足以遏止非法的新條例為由解封。換言之，禁令雖然持續有效，但「清空庫存」的出口活動不需中止，反而可以得到行政部門的授權保障。

自從反萊納斯運動以來，傅芝雅儼然成為全國數一數二知名的環保議員。選區裡又發生了鋁土濫採的亂象，當然也是她關切的頭號大事。對於庫存怎麼清也清不完，但公開數字總是前後兜不太攏，甚至不減反增，傅芝雅直中要害地指出，只禁止開採其實沒有意義，「假

01 關丹港附近堆放的大量「庫存」鋁土。（圖：蘇曉楓）

如出口准證沒有凍結，我們該如何區辨這些出口的鋁土是原本庫存的？還是新開挖的？」當時她認為只有同步凍結出口，才可能全面稽查剩餘的鋁土數量，以釐清是否還存在礦主非法開採、羅里非法運載等問題。

二〇一七至二〇一八年之間，我們數次前往關丹。每一次沿出吉隆坡銜接上東海岸大道，在抵達關丹之前，車子還沒下交流道，就清晰可見路旁被染紅的護欄，大片綠油油的棕櫚田間，突兀的紅色缺口與殘餘的鋁土礦堆。反貪會查封期間，很多人認為這一場失序三年多的採礦熱潮終於暫時畫下了休止符，但最棘手的問題並非是政府作不作為，而是在缺乏有效規範的情況下，這始終是一場人民與人民之間的矛盾衝突。

攤開地圖一看，武吉莪（Bukit Goh）、武吉關丹（Bukit Kuantan）、米昔拉（Beserah）、哥打斯里阿末沙（Kota SAS）等發生大量開採的地段，幾乎清一色都分布在關丹市區北方、靠近與登嘉樓州界一帶的墾殖區。

為什麼已經種了油棕樹或橡膠樹的土地，會被拿來開挖礦土呢？

原因是這樣的：種植園有其生命週期，大約每二十至三十年就必須翻種以維持生產力。翻種並非一朝一夕可以完成，不僅地力需要調節、新的栽種也需要時間生長，期間種植戶可能會有數年無法從土地獲得收益，因此政府通常會提供補貼。不過，種植業收入受到國際市場價格波動影響很大，種植戶在這個時候容易動搖，跟風轉作其他價格正好的經濟作

01 競運鋁土的羅里卡車給關丹人的生活帶來許多困擾。（圖：蘇曉楓）

物，趁勢先賺一筆的情況本來就不罕見。當鋁土開採風起，礦業公司找上門要求租用土地，不用多花自己一毛錢一分力，可以很快產生更高收入，對大部分種植戶當然有吸引力。

從事水電業的蘇庫（Shukur Azid）是墾殖民第二代，居住在武吉莪近四十年。他坦言曾經有礦主找上家門，雙親也有意願趕搭採礦熱潮，但檢測結果顯示自家土地鋁礦含量不夠高，便沒了下文。他說這一帶墾殖民當初每人可分配到十英畝左右的種植地，現時種植油棕平均每月一英畝約可收入五百令吉，但如果土地被礦業公司看上，出租出去收入就可以瞬間翻漲二十倍。高額的報酬讓許多墾殖民認為這是穩賺不賠的無本生意，有些人賺了錢討了新的老婆、蓋起了新的房子，又吸引更多人趨之若鶩。

墾殖區的土地權屬零碎，而且權利人眾多，給了鋁土開採活動非常有利的操作空間。傅芝雅指出，馬來西亞規定礦業開發面積在二百五十公頃以下得免除環境影響評估。因此即使是大型業者，只要稍微切割成小面積開發，就可以輕鬆規避環評，更別說最容易出現違法開採的小型礦場，若不能落實規範、有效執法，根本防不勝防。

二〇一五年州政府宣稱要讓鋁土在關丹絕跡時，就有來自武吉莪墾殖區、武吉關丹的兩百多位墾殖民聯署，在選區州議員率領下與安南耶谷商談，要求州政府開放他們申請開採執照。當時安南耶谷雖然表示：「州政府不能阻止墾殖民發財，但也必須照顧環境。」但他卻把汙染問題全部歸咎於「非法」開採，進而表示如果墾殖民能「依法」獲得執照，預計每個人可獲得四十至六十萬令吉的收入，「挖完後，他們只要把開採時除去的表層泥土填回去，再花三年時間種植油棕就行了。」

兩年後，在李健聰團隊的帶領下，我們走訪了武吉莪一帶。車子行駛在不堪羅里密集運行而顛簸的產業道路上，兩側原本一望無際的綠色油棕林，不時出現一處處猶如被剔了頭的紅色礦場，從路旁小小的開口向樹林深處擴展延伸。鋁礦場雖說是表層開採，但仍必須挖開三、四公尺深的植被、表土和覆蓋層，才能到達含鋁礦的土層。按理說，負責任的礦主開挖完畢應該將土回填，先解決人身安全的疑慮，再重新植栽並復育土地，以避免翻攪過的土層鬆動造成更嚴重的水土保持問題。

然而，實際觸目所及卻完全不是如此。表面上礦業公司與羅里司機似乎已經退場，但仍隨處可見開採後留下的礦湖，在夕陽餘暉的照射下形成倒影，呈現出一股詭譎且衝突的景象。大部分向下深挖的巨型坑洞全無處理，與地面上堆積的鋁土礦堆造成了數十公尺的高低差，被當地民眾嘲諷為「關丹大峽谷」，據說甚至有地主突發奇想，打算把開挖後的礦區打造成觀光景點。一直密切監控著鋁土活動的李健聰提到，關丹地區大量廢棄的礦場之中，雖然也有部分地主嘗試種香蕉或其他農作物，但還未見成果。他也進一步認為，州政府需要全面勘測因為被挖過鋁土礦而造成劇烈改變的地貌，交由專家學者分析是否潛在危險。

比起開採，鋁土運載更是會對更大範圍的居民造成影響的活動。從事運輸業的絕大多數是華人，在鋁土開採的狂飆期，大量的運載需求吸引了全馬各地的業者蜂湧而至，也多了很多賣屋、賣地或貸款買羅里想搶食大餅的本地司機。據估計，當時關丹可能曾有近萬輛羅里，白天奔馳在路面上，夜晚路邊無處停靠，從礦區蔓延到住宅區。

一位不願具名的本地司機告訴我們，載運鋁土基是以噸數計費，每一趟司機從中抽成二十%，剩下的歸運輸公司。生意好的時候，一天可以跑五、六趟，一個月能賺到一萬多元令吉，算是挺不錯的收入；但頒布禁令之後，早晚和中午都禁止載運，一天大概只能跑三趟，收入也剩下不到一半。「以前鋁土礦也會被挖來填路，當時就沒有人擔心污染或有毒！現在是中國大量收購，百年來鋁土礦才難得有這麼高價。」這位司機大哥抱怨：「好不容易替關丹帶來了工作機會，政府卻突然禁止。」

過去關丹的羅里主要載運的是鐵礦或砂石，相較之下，司機的收入大概只有鋁土的三分之一到三分之一。如今鋁土熱潮退去，但本地業者卻認為高度競爭已經打壞原本的市場行情，現在即使要回頭運鐵礦和砂石，關丹也沒有足夠機會供給，已經回不去。

如果要說鋁土風波曾經為關丹帶來什麼正面的訊息，應該是在過程中也發現，反萊納斯運動的確為地方的環境意識埋下值得期待的種子，而且遠不止傅芝雅、李健聰這些原本就活躍的政治人物而已。

01 01 極具正義感的 GERAM 主席阿里。（圖：蘇曉楓）

從事工程顧問業的李志雄，在向我們解說鋁土開採會造成哪些環境危害問題時身上就穿著綠色盛會的T恤。這件衣服就像 Bersih 的黃衫一樣，如今幾乎在馬來西亞要識別環保積極份子最常見也最有效的方式。李志雄運用自身所學，對於鋁土開採的水土保持與關丹地區的水災問題，以及鋁土塵埃散播可能對人體和農業作物可能造成的健康危害，都做了非常詳細的簡報，一直持續不懈地出席各種場合，向公部門和民眾進行倡導。

無獨有偶，GERAM 的成立背景也跟反萊納斯有直接的關係。主席阿里（Ali Akbar Othman）告訴我們，二〇一五年他就是邀集一起參與過反萊納斯的夥伴，串連墾殖區當地居民，才會有 GERAM 的誕生。從一開始架設路障阻擋羅里運載，到後來陸續發起多次遊行，阿里表示 GERAM 主要透過臉書發聲，擁有近三萬名追蹤者，其中大約有一百名核心成員，時不時互相通風報信，追蹤違法活動。

自實施禁令之後，雖然道路、港口陸續清洗修復，但阿里認為開採地的環境修復進度很慢，完全不像先前挖礦那般積極。也因此，他認為 GERAM 必須持續監督下去。「我不知道地主和業者之間怎麼協議，但各方一定要合力解決土地修復問題。」問他為什麼執著？「破壞環境就是會讓我感到很生氣，非採取行動不可。」

他聳聳肩說：「萊納斯那時候是這樣，現在鋁土礦的問題也是這樣。」

中資，直接登陸！

關丹受到鋁土開採影響最大的幾個地點，大部分都跟墾殖區有關。如同前文已提到，墾殖民出租土地主要是投機的收入考量；因此開完礦後如何妥善修復土地，一直是這個議題被討論時很重要的面向。然而，這些地點之中有一個地方，卻完全沒有修不修復的顧慮，甚至早已經展開新的開發了。

哥打斯里阿末沙（簡稱「末城」）的命名來自二〇一九年才剛過世的彭亨前任蘇丹，是一個二〇〇六年提出的造鎮計畫。末城的土地屬於私人種植公司所有，在開發計畫提出前也全部都是油棕園；開採鋁土的時候，這裡有些早期的建案已完工出售，從過往媒體報導看來，屬於中價位的住宅商品。

二〇一七年九月，我們前往現場採查，見到

01　01 末城的東鐵車站地點也是曾開挖過鋁土的油棕園地。（圖：鄧駿毅）

的不是一大片荒廢的礦場，而是一個上了圍籬的紅土工地。來自孟加拉的移工們正喝完手上的拉茶，躍身水道旁開始整地，但他們要做的並不是恢復環境，讓油棕樹可以被種回來。其中一人對我們舉起右手，指向遠處的看板，示意這裡正在打造一條從關丹通往吉隆坡的新鐵路。

就在我們到訪的一個月前，由馬來西亞和中國合資建設的東海岸銜接鐵道（East Coast Rail Link，ECRL，簡稱「東鐵」）宣布正式動工了。這是一條總長度近七百公里的鐵路，將從吉蘭丹一路沿海岸線南下，再轉向進入彭亨內陸，穿越中央山脈後抵達吉隆坡。根據預定路線，東鐵在關丹市區周邊規劃有兩座車站，一處在關丹港，另一處就在未來據稱要成為彭亨州新行政中心與關丹新都心的末城。

這條鐵路線，其實是大馬方面已蘊釀了一段時間的構想。二〇〇七年，阿都拉政府啟動一項名為東海岸經濟走廊（East Coast Economic Corridor，ECER）的計畫，沒有什麼具體的產業構想，而大多著重在交通和基礎建設改善。其中除了確立要繼續完成東海岸大道的南（關丹往柔州新山）、北（關丹往吉蘭丹哥打巴魯）兩段公路，另外也提出了一個鐵路發展的構想：當時整個東海岸只有一段 PETRONAS 專用的產業鐵路，用來連接登嘉樓居茶（Keteh）的營運基地和關丹格賓工業區的石化廠區，長度只有七十七公里。阿都拉政府想以這一小段鐵路為基礎，將兩端延伸，北端接到哥打巴魯，南端接到彭亨內陸的文德甲

（Mentakab），等於給既有的叢林鐵路加上一大圈「外環道」，讓它成為名符其實的「東海岸」鐵路線。

坦白說，這個構想非常沒道理。原本利用既有的鐵路線要前往吉蘭丹，無論從吉隆坡或新山出發，都需要在森美蘭金馬士（Gemas）轉車，至少要耗費半天以上；加上一圈外環道，雖然使搭火車前往彭亨沿海和登嘉樓成為可能，但得再多轉一次車才能利用，而且路線和高速公路完全重疊，極可能完全省不到時間。所幸，這樣的想法也沒有成真，PETRONAS 甚至在二〇一〇年就停用了那一小段鐵路。

然而，納吉上台以後倒是沿用了 ECER 的概念，打算在半島上長期發展滯後的地方加速引進外資、發展產業。相較於想要直接大搞工程的阿都拉，他的方法其實比較有謀略一些，因為他先跟中國搭上了線。

二〇一二年四月，納吉與中國國務院總理溫家寶連袂出席廣西欽州的「中馬欽州產業園區」開園儀式。納吉趁勢拋出了「兩國雙園」的構想，提議中國也在馬來西亞設置一處「馬中產業園區」。同年六月，中、馬雙方在吉隆坡簽署協定。中馬欽州產業園區與馬中關丹產業園區（Malaysia-China Kuantan Industrial Park，MCKIP），就此成為了世界上第一例相互在對方國家建設產業園區的姊妹區。

02 01
01 佔地廣大的馬中關丹產業園區。（圖：林佳禾）
02 馬中關丹產業園區有大量雙語標示。（圖：蘇曉楓）

MCKIP被納吉政府定位為國家級園區，位置就在格賓工業區的外緣。整個園區由馬來西亞與中國合資，持股比例是非常接近的五十一比四十九，約定的總投資金額達一百〇五令吉。馬來西亞方面的股份由彭亨州佔三成，七成則個私人的開發集團和控股公司；中國方面的股份，則幾乎都由營運中馬欽州產業園區的國營公司廣西北部灣國際港務集團持有。整個園區規劃要分三期發展，第一期宣稱要專門用於高科技產業和重工業。二〇一三年二月，園區正式動土；第一家投資者聯合鋼鐵（Alliance Steel），則在二〇一六年獲准投資五十六億令吉建廠。

既然要在格賓建設園區，近在咫尺的關丹港，當然也將扮演舉足輕重的進出口門戶角色。關丹港其實在一九九〇年代末就已經先一步私有化，趁著這一波合作，廣西北部國際港務集團另外成立控股公司取得四十%的股份。雙方隨即展

開了擴建計畫，將原本主要用來處理進出口散貨的碼頭擴大，為MCKIP闢建專用碼頭，同時更著手打造全新的深水碼頭，預計要讓載重二十萬噸（約一萬八千個貨櫃）的大型貨櫃船得以停靠。

這些投資計畫都水到渠成之後，納吉政府才回頭來考慮鐵路建設的問題。東鐵最早是由馬來西亞陸路公共運輸委員會（SPAD）和東海岸經濟特區發展委員會於二〇一六年三月率先提出來徵集內部意見的構想。這個路線能真正有效縮短東、西海岸距離，但因為要穿越中央山脈，建造成本也高出許多，債務問題嚴重的大馬政府顯然不可能獨力進行。

二〇一六年十月，已經深陷 1MDB 醜聞風暴的納吉，在訪問北京期間與中國國家主席習近平達成要在「一帶一路」大框架下建設東鐵的共識。馬來西亞政府將成立一家新的馬來西亞鐵路銜接公司（Malaysia Railway Link，MRL）做為業主，與負責承建的中國交通建設公司（CCC）對接，兩家公司也是這條鐵路未來的共同營運夥伴。

中國參與東鐵主要的著眼點，很快就明朗了。原本只打算連接到吉隆坡的路線，在計畫正式定案時增加了第二階段的延伸線要直通馬來西亞第一大港巴生港（Port Klang）；加上預估運量將會是三成載客、七成貨運，已經拿下關丹港的中國，真正想要的是一條從馬來半島東海岸直通馬六甲海峽的陸上轉運路線，顯得昭然若揭。這條路如果真的走得通，對中國在一帶一路中提出的二十一世紀「海上絲綢之路」等於買了一個保險，即使未來不是最主要的利用路線，也可以是理想的輔助。

02 | 01

01 關丹港舊有的散貨碼頭規模不大。（圖：鄧駿毅）02 格賓工業區內因馬中合作而出現了欽州路的命名。（圖：蘇曉楓）

這算盤打得簡單易懂，但對當時的馬來西亞社會來說，卻有一個完全無法漠視的爭議點：雖說是「合資」，但大馬政府其實打算向中國融資五百五十億令吉來參與興建，其中八成五的資金是中國進出口銀行提供的貸款，其餘則將利用伊斯蘭債券來集資。換句話說，馬來西亞不只邀請中國一起來經營，還要向中國借一大筆錢，才能把這條鐵路建起來。

因此，這項計畫一確定下來，立刻就被質疑造價過於浮濫，進一步有爆料直指中國其實是利用興建鐵路掩護資金流動，目的是幫納吉解套 1MDB 已經被緊盯的資金黑洞問題，進而暗助國陣穩定政權。

一如往常，在二〇一七年這個不前不後的時間點上，馬來西亞各政黨都已經開始思考下一屆大選的棋該怎麼下。東鐵跟納吉、1MDB 沾上關係，就加入了本來就已經在馬來西亞遍地開花的其他中國投資——例如從吉隆坡要搭配跨國高鐵開發的首都區未來都心「大馬城」（Bandar Malaysia）、馬六甲號稱港埠規模將超越新加坡的「皇京港」（Melaka Gateway）到新山正在填海造島闢建的鉅型地產項目「森林城市」（Forest City）等等——逐一且反覆地被輿論和反對黨檢視。

在這樣的狀況下，大致可以視為東鐵案前導性投資的 MCKIP 和關丹港，雖然規模小一些，但當然也逃不過爭議的宿命。

年過半百才投身政治圈的沈春祥，曾經擔任傅芝雅的助理。因為幫助她經營選區有了心得，他在二〇一三年投入州議員選舉，跟李健聰同一期進入州議會；原本從事建築營造業的他，對關丹當地的建設工程都格外留心。二〇一七年秋天，他親自帶我們在荒煙漫草中勘查被 PETRONAS 棄用的舊鐵路，想在議會對東鐵為什麼要「浪費資源」劃定新路線提出質詢；正在日夜趕工的 MCKIP，當然也是他緊盯的對象。當時，地方上華商流傳著各種 MCKIP 不跟本地人做生意、不給本地人工作的負面流言。某日，沈春祥和李健聰、傅芝雅直搗黃龍，希望能進入園區考察，卻被管理單位以「沒載安全帽太危險」為由拒於門外，沈春祥氣得直言批評：「馬中產業園區不應該佔盡便宜，關起門來就像在搞中國直轄區！」

當地一位華人建商向我們抱怨，MCKIP 所有建設都由中國人承包，幾乎所有人力和物料都從中國直接引進，對當地根本沒什麼幫助。彭亨五金機械商公會會長劉春也說，園區內大型工程都在中國先做好架構，船隻運送過來後便直接組裝，本地五金商頂多能提供螺絲、木板、鋼筋、木材這些小東西；此外，中國人採購當地五金總是貨比三家，把價格壓到很低，更造成本地五金商必須自相殘殺、減價出售。

「中國在關丹開發就好像一顆榴槤，讓外界以為有好生意做，吸引各地的蒼蠅全飛來，事實上根本不好賺！」劉春忿忿地說。

眾說紛云，但真實狀況究竟如何？我們訪問到一位來自湖北的中國工人王喜（化名），他說園區內的中國承包商的確來自五湖四海，平常的確各做各的工、各過各的活。對於外界傳說 MCKIP 不讓中國工人外出消費，他則認為：「我們在這裡人生地不熟，出去外面語言不通或是遇到搶匪怎麼辦？公司規定也是為了保護我們啊！」不過，根據王喜主觀的估計，當時 MCKIP 裡的工人的確九成是中國人，再加上極少數的孟加拉和印尼外勞，只有翻譯員和司機才多由當地人擔任。

二〇一六年底進入 MCKIP 擔任司機兼翻譯員的陳文義（化名）則說，他曾經介紹本地朋友承包園區工作，但一模一樣的任務，中國工人施工的速度總是比本地工人快上非常多。「上午十點要喝茶、下午三點也要喝茶，園區用了划不來，最後只能被辭退。」談起中國與本地工人的差異，陳文義臉上堆滿自歎弗如的慚愧。

陳文義不是唯一這麼想的人。抱怨歸抱怨，劉春倒也坦承：「本地建五年，他們可能兩年就建好，拿不到工程也可能是我們自己沒本事。」

身為關丹港口有限公司董事會裡少數的華人董事，李錦賢也為 MCKIP 辯解：「事實上園區內許多建設，本地人根本做不來，港口擴建工程進度延遲一年，就是因為聘用許多本地人。」他也特別舉例，外界批評中資建設一枚螺絲都沒跟本地人買，但那些螺絲是重工業專用，本地五金店根本無法提供。

「重工業不是一般蓋房子，馬來西亞既然沒有這樣的技術，那就要懂得學習，而不是只會抱怨。」李錦賢如嚴父般無奈地說。

「馬來西亞是小國，市場就是這麼一點點。」李錦賢強調，國家要發展、要繁榮，無法不靠外資，他反問我們：「特別是東海岸已經落後了三十年，如今有百年難見的機會要發展。以前從彭亨、吉蘭丹、登嘉樓去吉隆坡要一整天，以後火車通車後只需要四個多小時，你說要不要？」

整體來說，華商的心態無論是迎或拒，大致都在「商機」上打算盤。身為地方代議士，李健聰則從另一個角度提出質疑：「目前已知園區內會有兩家做輪胎、一家做陶瓷、一家做化肥、一家做電池、一家鋁廠進駐，都不可能是沒有任何污染的工業。雖然管理單位宣稱中國環境標準比馬來西亞嚴格，但我還是希望環境局、監管單位能善進監督職責，不要因為對方是外資而鬆懈。」

李健聰進一步指出：「進駐園區的廠商享有十年免稅優惠，假若品性良好，還可以多延長五年。公部門拿免稅當吸引投資的策略，但馬來西亞可以拿到什麼回饋？」他認為，MCKIP 應該替關丹帶來的絕對不只是幾千個工作機會，還必須能帶動本地中下游企業，而非到頭來只有大財團在賺錢。

「當年萊納斯宣布到關丹投資設廠，也說會帶動本地企業發展。這麼多年過去，也沒有看見技術扶植或轉移。目前馬中產業園區內的投資項目，看起來也都難以技術轉移。」李健聰直言，無法樂觀看待這樣的合作模式。

從港口、園區、鐵路，到新的都市計畫藍圖，關丹幾乎可說是四面八方被中資包圍。「這種狀況跟地緣政治、國內政治局勢有關。但馬來西亞政府在種種壓力下，會不會給予中國特別讓步，作為拉攏政治勢力的手段？這些外資如果留下長遠而難以回復的環境成本，難道只能由地方來承擔？」

當時李健聰拋出了「很大的問號」，期盼人們早日發現問題的答案。

政府會變天，彭亨的開發會不會變？

反萊納斯運動沉寂之後，從二〇一五年到二〇一七年之間，關丹發生如此多重重疊疊的爭議，但輿論關注度卻似乎總是差了一點。若要追究原因，除了 1MDB 醜聞引爆後大馬的政黨政治進入了極度混亂的戰國時代，應該不做他想。

二〇一五年，安華莫名地因為數年前另一起雞姦案指控不成立的判決被法院推翻，再次鋃鐺入獄，反對陣營頓時又失去重要的指標人物；無獨有偶，後來隨著 1MDB 演變成帶狀節目般的羅生門肥皂劇，退休已超過十年的九旬長者馬哈迪，則開始復出鎂光燈前，不假辭色地公開批評後輩納吉。他除了高調地帶著妻子一起出席 Bersih 集會，也跟當時因伊斯蘭黨分裂而重組的反對陣營「希望聯盟」（Pakatan Harapan，PH，簡稱「希盟」）多次合作向納吉施壓。

到了二〇一六年，馬哈迪乾脆退出巫統，隨後與被納吉收緊權力開除的副首相慕尤丁（Muhyiddin Yassin）一起創立新政黨「土著團結黨」（Parti Pribumi Bersatu Malaysia，Bersatu，簡稱「土團黨」）。二〇一七年，隨著下屆大選的謀劃是時候起跑了，土團黨順勢宣布加入希盟，馬哈迪甚至「反客為主」成為總裁。當時已有許多耳語，認為他是反對黨在大選中的最佳首相人選。

二〇一八年一月，馬哈迪正式被推舉為希盟的首相人選。「前國陣威權強人馬哈迪帶頭推翻國陣霸權」這齣諷刺劇上演的可能性，一方面讓部分希盟支持者充滿遐想，一方面卻也讓另一部分希盟支持者在情感上難以接受。國陣方面，一度看起來搖搖欲墜的納吉，在強力運用行政力量壓抑貪腐疑雲之下，似乎在表面上維持住了國陣的均勢。此外，掌握大量馬來基層選票的伊斯蘭黨，則在反覆待價而沽之後決定自組另一反對陣營「和諧陣線」（Gagasan Sejahtera，GS）。三個陣營，各自帶著內部問題，讓選情變得撲朔迷離。

我們最後一次拜訪關丹是在那一年五月初，正值第十四屆全國大選投票前的最後衝刺期。

萊納斯仍處於營運低潮、鋁土礦還有出口禁令，只有鐵路、園區和港口還持續在趕工，但地方上的關注當然暫時都不在這裡。某天晚上，在關丹市區一處小販中心，我們遇見了有拜票行程的李健聰。他看起來心情篤定，對於自己能不能連任似乎胸有成竹，但問起希盟能否勝選，則是略帶點尷尬地說盡量努力。

坦白說，當時的確誰都難以料想，幾天之後竟然就是馬來西亞史上第一次政權輪替。

五月九日，希盟以超乎預期的大幅優勢勝選。馬哈迪睽違十五年後重新出任首相，不但成為全球最高齡的政治領導人，甚至還促成國家元首特赦三年前二度入獄的安華，兩人在舉世關注之下演出大合解的戲碼。雖然新政府的門面非常微妙地竟然還是舊時代的權力核心，從長年以來的反對陣營終於有機會參與中央政府的行政事務，的確給馬來西來人民帶來許多期待。

希盟政府上台後，隨即開始全面檢討與外國合作的重大開發計畫。五月底，新政府上路還不到半個月，與新加坡政府合作的馬新高鐵就頭一個被喊停；七月，在選前被批評合約過度溢價的東鐵案，也被馬來西亞單方面宣布無限期擱置，引起中國高度關切。希盟政府第一時間將「減債優先」的態度踩得十分堅決，否決掉的案子都被檢討得像是幾乎沒有任何合理的功能和效益，但不久就又因為違約金考量而鬆動立場，改口主張重新協商。

二〇一九年四月，馬哈迪宣布將重啟東鐵計畫，強調希盟政府成功爭取到些微調整、縮短原訂路線，使中國同意調降三成造價，「只」需要馬方負擔四百四十萬令吉的貸款。七月，擱置一年的東鐵工程全面恢復運轉並加速追趕進度，目標爭取在二〇二六年底前全線完工通車。

東鐵復工，也讓在二〇一八年下半年已先後開始營運的關丹深水港和聯合鋼鐵掃除了不確定因素，積極開始釋放 MCKIP 的未來發展與下階段招商訊息。從幾次的新聞報導之中，我們也觀察到李健聰開始比較積極地參與關丹的中國投資事務上，包括與在地華商成立的「馬中雙園經貿協會」有不少互動、協助 MCKIP 爭取改善基礎設施等等，對於中資的態度似乎從過去比較單純的在旁質疑，自然而然位移成了介入參與。

類似的變化，也發生在鋁土開採和萊納斯稀土廢料的課題上。

二〇一九年二月，希盟政府宣布將解除長達三年的鋁土礦開採禁令。水務、土地及天然資源部強調，新政府在新的標準作業流程上有嚴格規範，也會嚴格督管開採和運輸准證發放，不會再讓過去的亂象重演。大選後進入內閣擔任首相署副部長的傅芝雅，第一時間仍跳出來質疑標準作業流程的具體規範與執行細節；但天然資源部沒有立即執行，而且在四月間如實釋出文件，並在地方上舉行公聽會接受意見諮詢之後，傅芝雅對恢復開採的立場，也就從直覺反對，逐漸轉變為在執法確實的前提下同意或可試行。

然而，問題恐怕還在於國陣依然執政彭亨。在天然資源部表態解除禁令之際，州政府和長期支持墾殖區開採的州議員，就蓄勢待發公布各種經濟產值推算，鼓吹鋁土開採是全球大勢所趨、馬來西亞必須在國際市場佔得先機；又強調鋁土開採可以創造大量稅收和就業機會，有助於彭亨經濟，並能確實改善墾殖民生存處境。話雖說得不差，但這些地方上主張積極開放的政治人物和曾經監管不力的執政核心，從二〇一五年至今幾乎沒有什麼變化。如今標準作業流程成為所有人的口頭禪，雖然天然資源部至今看似態度認真謹慎，可是誰又能真的確定這不會是又一次「上有政策，下有對策」呢？

鋁土礦尚且如此，萊納斯就更加棘手了。

由於萊納斯的廢料處置問題難解，希盟在二〇一八年大選前曾承諾若勝選會要求其關廠撤離。但是在二〇一九年上半年間，隨著萊納斯營運准證到期的時間逐漸接近，馬哈迪轉變態度不再要求廢料必須出國，承諾只要萊納斯同意興建永久廢料儲存槽，確保沒有健康安全疑慮，就可以在馬來西亞繼續經營。此話一出立刻引起宣然大波，但馬哈迪仍然堅持立場，甚至表示若繼續對待萊納斯如「賤民」（pariah）[10]，馬來西亞將無法再吸引外國投資。

註10 Ramasamy, M. (2019, August 26). Dr M warns against 'pariah' treatment of Lynas. FMT News. Retrieved from https://www.freemalaysiatoday.com/category/nation/2019/08/26/dr-m-warns-against-pariah-treatment-of-lynas

為了阻擋政府續發准證，陳文德試圖重整拯救大馬的旗鼓，在二〇一九年八月中又發動一次抗議集會；李健聰、黃德甚至沈春祥都以希盟選民代議士的身份上街相挺，積極表達反對意見。然而，後來希盟政府仍決議先延長半年、待萊納斯擬定永久廢料儲存槽方案，再正式定奪，期間傅芝雅仍不懈地跟進事態變化，不斷向政府喊話。反萊納斯運動頓時像是又回到了二〇一二年的僵持狀態，只不過這一次社會恐怕已沒有當年的動員力。此外，美、中貿易戰導致中國以外的國際稀土價格大漲、稀土產業出現結構性的板塊變化；萊納斯從中獲利頗豐，營運轉虧看俏，也間接強化了馬來西亞擁有中國以外唯一稀土提煉廠的戰略價值。

更令人措手不及的是，二〇二〇年二月底，希盟政府發生嚴重的內部矛盾；公正黨與土團黨部分派系以近乎「軟性政變」的行動，造成馬哈迪錯判形勢辭職並解散內閣。結果，在政府懸空的一片混亂中，由慕尤丁帶領發難的成員轉而與國陣、伊斯蘭黨合作組成「國民聯盟」（Perikatan Nasional，PN）三月初，慕尤丁竟成功獲得最高元首委任為新任首相。

希盟政府前後只存活不到兩年，便宣告瓦解；國陣僅失去政權不到兩年，就意外重獲行政資源。然而，就在政局未明之際，萊納斯卻搶先自行對外宣布，延長三年的營運准證已獲政府批准。

後山等待柳暗花明

頭一次造訪關丹的人，通常不會忘記到市中心的水岸公園散步，跟河對岸豎立在一整片紅樹林前、顯然在向好萊塢致敬的"KUANTAN"字牌拍一張照片留念。在市區北側，岬角環抱的直落尖不辣（Teluk Cempedek）除了擁有令人讚嘆的海灣景致，從早到晚人聲鼎沸的熱鬧程度更是令人驚訝。如果沿著海岸線再往北走，還有巴洛灘（Pantai Balok）、米昔拉灘（Pantai Berserah）、黑石灘（Pantai Batu Hitam）等一路連綿的休閒海灘，除了可以從事水上活動，這一帶漁村出產的鹹魚更是出名的地方珍饈。遇到關丹港？繞過它吧！再往北，半小時內就可以到達靠近州界的珍拉汀（Cherating），那裡是一處國際級的海灘渡假區，以標榜生態旅遊和沙灘上的海龜產卵地聞名。

這些親水的環境，才是絕大多數馬來西亞人對關丹這座城市的印象。每一次到訪，經常會在很多小地方讓人

03
02 01

01 直落尖不辣是深受喜愛的戲水聖地。（圖：鄧駿毅） 02 優良海灘環境是關丹珍貴的名勝資產。（圖：鄧駿毅）03 關丹河口的城市地標景象。（圖：蘇曉楓）

直覺想起同樣位處於「後山」的花蓮和台東。不只是好風光，馬來半島東海岸和台灣東部，還有不少相似之處，同樣被標籤（與自我標籤）為「落後」的糾結，同樣有著尋找發展之道的哀愁，但又同樣時而會顯露出珍貴的自我認同。

從稀土、鋁土礦到中國直接投資，關丹近十多年來曲折的經驗，就像一部高潮迭起的三部曲。每一段故事裡，中國所扮演的角色都不盡相同，但到頭來，馬來西亞總是無法避免間接或直接受到中國與世界互動的狀況牽動。端視我們從什麼角度觀看、分析，雙方的利益不見得總是相依，也不見得必然相斥。

到頭來，決定每一次遇到狀況時會往哪個方向前進的定錨點，往往都是自己的社會內部根深蒂固又盤根錯結的老問題。絕大部分的老問題，都並非經濟後進的地方一己可以扭轉，但有毅力的行動者能在一次又一次的變局中試圖不斷調整自己的角色、修正自己的策略。經歷最晚近一連串的風波，未來關丹環境課題的權力天平會倒向何方，似乎再清楚不過；但只要行動者還守在地方上，隨著外在世界持續變化，困境就可能還有機會柳暗花明，如同他們前一個十年所經歷的那樣。

MALAYSIA

世界遺產

馬來西亞檳城喬治市的文化地景與燕窩產業

文／郭育安

歷史建築物的保留不僅作為劃時代的見證，也能扮演文化意義上承先啟後的要角。然而各地遺產化後的空間，如何不失在地脈絡的有效活用，往往是文化遺產管理與維護的核心議題。倘若，野生動植物進駐廢置的歷史空間，又會如擴充、或寫定這個「文化」的意義以及遺產建物的運用？臺南水道遺產與馬來西亞檳城世界文化遺產正提供我們一個對比的案例故事。

臺南百寶鄉山上區一座文化資產「臺南水道水源地」，見證日治時期衛生工程現代化的歷程，於二〇一〇年受日本土木學會認證為世界重要的土木遺產。這座日式建築以及相關淨排水設施，是因當時臺灣總督府為改善臺南民生用水品質而建，這項淨水工程的興建歷史可追溯至一八九七年，並於一九二二年（日治時期大正元年）完工。原臺南水道是現今臺灣規模最大、也是保存最完整的日治水道設施，然而隨著自來水的普及與都市人口的成長，水道的功能與角色漸漸從時代崗位退了下來，並於二〇〇五年經內政部指定為國定古蹟。

臺南水道古蹟因位處郊區、陰暗潮濕、已停工的水道空間、不平整的牆面設計等，古蹟內部恰巧成了臺灣蝙蝠群的棲居之地，被譽為「水源蝠地」，現轉型為「山上花園水道博物館」。為維護古蹟保存、觀光效益與兼顧蝙蝠生態，其古蹟整修與開放觀光的時間，皆遵循專家的建議避開蝙蝠的繁殖期，社區保育人士也參與協助蝙蝠保育的活動，成了古蹟空間使用與生態保育共存的另類例子。

然而，在馬來西亞檳城喬治市，其世界文化遺產、城裡的金絲燕群，與地方社群之間的關係，就沒那麼幸運。在進入檳城文化遺產與金絲燕群的事件之前，先了解馬來西亞的背景。

前言

馬來西亞是多元民族的國家，由馬來人、華人、印度人、原住民（Orang Asli）及其他殖民時期留下的英國、葡萄牙和荷蘭人等歐洲後裔共同組成，國家主權主要由馬來人執政，官方語言亦為馬來語。

座落在馬來半島西北側——素有「東方之珠」之稱的檳城（Penang），亦稱檳州、檳城州，為馬來西亞十三個聯邦州屬之一。檳州被檳威海峽分成兩部分，檳島（別名檳榔嶼）和半島上的威省，一般人說的檳城指的是檳島地區，為馬國華人比例最高的地區，也是少數由華人執政的州屬。其首府喬治市（Georgetown）位於檳島的東北側，擁有超過兩百年歷史的城鎮，於二〇〇八年與馬六甲雙城齊名登入世界文化遺產，喬治市更是享有《孤獨星球》十大魅力城市、「美食之都」、「宜居城市」等美名。城鎮範圍通常是指比世界遺產區大一些的市區地帶，僅次大馬首都吉隆坡、柔佛新山，為馬來西亞第三大城。

檳城喬治市登入世界文化遺產後（簡稱入遺），在國際殊榮與觀光經濟的潛力與期待之下，許多議題浮現於遺產城市中，包括如何疏緩擁塞的交通與人潮、保留原居民與傳統行業、層出不窮的咖啡店、旅店與博物館，以及如何活用這些戰前建築的室內空間等。不過，當時登入世界遺產的爭議之最，是如何處置早已四散於城內的燕窩產業。

燕窩，為華人飲食文化中傳統的珍貴佳餚，主要市場在中國大陸，而產地則多位於東南亞，以印尼與馬來西亞為首。燕窩主要是由金絲燕（swiftlet）的口水所組成的鳥巢，鳥巢經過摘採、清洗、包裝處理後，即為消費端上所見的昂貴燕窩食品。這種鳥類盛行於東南亞熱帶濕潤地區，因此為東南亞特有的產業。金絲燕除了棲息於山洞，也能主動在屋簷下築巢，前者稱「洞燕」，後者稱之「屋燕」；而專門用來養燕的屋子稱之為「燕屋」。

二〇〇八年入遺後，城內的數百間燕屋遂有了破壞古蹟之嫌、動搖遺產「傑出普世價值」，甚至威脅其遺產地位，使因入遺而感光榮的檳城人對此產生集體焦慮，養燕活動瞬而成了市民眾矢之的，相關的報導與抗議聲浪佔據各大報章的版面。二〇一三年，燕屋經營在喬治

燕窩

燕窩是金絲燕（swiftlet）以口水吐巢而造的鳥窩（edible birds' nest），為華人華人飲食文化中的珍貴佳餚。關於華人燕窩食用與消費的緣起，網路上大抵有兩種熱門說法，一種是相傳中國唐代女皇武則天經常食用燕窩養顏；另一種是明代鄭和才是中國吃燕窩的第一人，某次下西洋船隊遇難時，被迫停在馬來群島，因糧食匱乏，無意發現山洞壁上的燕窩，便與部屬採摘、洗淨後充飢，效果意外的好，鄭和便將燕窩帶回給明成祖，成了朝廷的貢品，順理成章有了「官燕」、「貢燕」的稱號。這兩種說法，在現今燕窩的商業行銷中十分常見。無論「燕窩高貴化的由來」如何被「發明」，事實上到底是誰做了什麼、在什麼時候把東南亞的燕窩引進中國朝廷，這段歷史已不容易查證。不過顯見的是，這確實引起華人食用燕窩的風氣與追捧，且早已成華人飲食文化的一部份。

市特殊區劃藍圖（Special Area Plan，簡稱 SAP）中明訂為禁止項目，並對城內養燕業者提出警告，正式從合法轉為非法取締。二〇一四年初，檳城州政府強制拆遷遺產區內的燕屋，雖平息了市民的焦慮與聲浪，卻也在養燕業裡引起一片譁然。也許，令燕農不解與錯愕的是，金絲燕早已棲息在喬治市，養燕活動在城內至少有半世紀以上的歷史，也連帶一起成功入遺了，為何反而在入遺後受到多數居民與政府的激烈反撲？探討這些問題，得先從喬治市的歷史脈絡談起。

從地方城市到世界遺產：喬治城的傑出普世價值

燕窩產業與文化遺產的衝突，其實可以反思一座地方城市進入到世界遺產體系過程中的意義轉變，其意義的擴增或窄化，又是如何直接或間接地影響遺產空間的後續使用。

喬治市特殊區劃藍圖（Special Area Plan，簡稱 SAP）

為因應聯合國的入遺要求所擬定的都市管理計畫，於二〇一三年出版，其旨在有意識地維護歷史城市的樣貌，以保護遺產的普世價值。包括依照在地的文化脈絡修繕老屋子，以及在區劃地內限制大型建築的建置等細節。

這座港口城市的開發歷史可回溯到一七八六年，英國殖民時期的第一任總督萊特（Francis Light）登陸檳城，「喬治市」即是以當時英國君主喬治三世命名，為英國最早在遠東殖民的轉口貿易自由港之一。因當時殖民政策的需求，英統治者採取分而治之的種族政策，招募大批華裔移民、印裔等各族人民的定居檳城，使之成為多元文化交融之地。至今留下超過萬間華人宗祠與會館、清真寺、印度廟、教堂、歐化政府建築物等，這些戰前建築物依舊為市民的日常生活場所，街上也出現馬來文混著英文或中文的雙語路牌，造就東西文化大熔爐的都市地景。

喬治市，因殖民歷史而衍生獨特的混雜文化，以及幾乎完整保留下來的城鎮中心，特別是大面積的戰前建築——樓下商家、樓上住家，住商混合的店屋（shophouse）。這有形的

03 | 01 02

01 遺產區一隅，由左至右為小印度區、華人新年燈籠、清真寺，可見多元文化的地景樣貌（圖：郭育安）02 特色戰前建築：樓下商家、樓上住家，住商混合的店屋（shophouse）（圖：郭育安）03 喬治市世界文化遺產區俯瞰圖，保留大量的戰前建築（圖：郭育安）

歷史建築群與無形的多元文化，反映在不同宗教的建築、不同民族的居所、語言、食物節慶、服裝與日常生活的都市地景中，符合聯合國教科文組織（UNESCO）世界文化遺產（簡稱世遺）的三項傑出普世價值（Outstanding Universal Value，簡稱OUV）標準，成功寫入世遺名錄的一欄。喬治市與馬六甲分隔南北兩地的歷史城鎮同時入遺，是亞洲的特色案例。喬治市世遺面積分為核心區及緩衝區，佔地面積共兩百五十九・四二公頃，共四千六百六十五間的戰前建築物，並且由檳城州政府與喬治市世遺機構（GTWHI）二〇一三年正式推出特殊區劃藍圖（SAP）來管理世遺區內的秩序。

口水的商機？喬治城內大量燕屋之謎

話說回來，世界文化遺產裡怎會存在如此大量的燕屋？其實，檳城喬治市出現為數眾多燕屋並非只是地方的生態與社會現象，其同時也反應了燕窩市場需求，以及背後連帶牽動的亞洲國際情勢。這得先從燕窩在國際貿易的歷史背景提起，再談為何特別是入遺前的喬治市，以及燕子在喬治市為何無法走向臺南水道與蝙蝠共生的經營路線。

燕窩作為華人的傳統珍饈，其消費大國無疑非中國莫屬，而中國因氣候條件的限制，無法量產燕窩，其原物料仰賴東南亞國家的生產與貿易。全球燕窩的常年成交量約有超過四億五千萬美元的利潤[1]，單印尼就占了近八〇%，其他國家包括馬來西亞占十三%、泰國占五%、越南占二%[2]，而檳城、新加坡以及香港，皆（曾經）是重要的轉口貿易港。馬來西亞養燕參與者九成以上由華人經營、九成以上運往中國，且作為高級保健食品銷售，反應了東南亞的燕窩內需市場遠不及中國，也顯現了飲食族群的文化差異。

「燕屋」是金絲燕棲息的屋子，通常指蓄意養殖而以特定技術改造或建造的屋子。屋燕養殖技術源於印尼，已有百年以上的歷史，直到近二十多年因一連串的歷史偶然，養燕的知識技術才大幅引進馬來西亞，在此之前馬

註1 “George Town fears losing World Heritage status over birds' nest soup”（2010.08.10 the Guardian）

註2 「印尼食安把關差 當心燕窩咖啡」（2013.12.22 中央社）

註3 「馬來西亞新興崛起的養燕產業」（吳展才，農業知識入口網，網頁造訪日期2018.04.09）

國燕窩生產以東馬的傳統山洞燕窩採集為主，如砂勞越的尼亞岩洞。養燕產業在一九九七年全球金融海嘯後發生了重大的變化[3]，馬來西亞房市行情崩盤；一九九八年印尼排華事件，些許逃難的印尼華人一併把養燕技術帶進馬來西亞，許多空屋轉而改建成燕屋投資，此時期低價的空置房屋反倒成為養燕熱潮的最佳投資空間，在不少華人眼中是一舉兩得之計。一九九〇年代又逢中國經濟起飛，奢侈品的消費需求相應提高，作為華人飲食文化的燕窩更是受市場刺激，吸引大馬華人紛紛投入養燕。這一連串的國際情勢變動，使原本在馬來西亞默默無聞的屋燕業突然掀起熱潮，傳統山洞採集不再是主要的燕窩生產模式。

同一時期，馬來西亞一條全國性的屋租統制法令（Rent Control Act）於一九九〇年代末廢除，屋價不再受政府控制，租金翻倍後許多住民搬離，釋出許多老舊房子，新手燕農便將這些空置屋子改建成燕屋，這個「燕屋現象」襲捲全國大城小鎮，使投資養燕在短短幾年間成為一種爆紅的致富手段。

二〇〇〇年前，由於受到屋租統制法令的限制，屋主難以出售房屋，因此房屋破損屋主也不願花錢修復，造成失修破爛之貌，價格亦相對的便宜，約十萬令吉左右，以致喬治市為基層人民聚集之處。屋租統制法令廢除之後，屋主重拾自主權，將老房子修復後轉租，不僅租金逐步的提高，房產業屋價抬升至二十五萬至三十萬令吉之間。許多長期住在喬治市的居民因不堪負荷高漲的屋租，紛紛搬離了喬治市，這也讓喬治市的人口一度劇減[4]。

在喬治市生活的文史工作者阿聰（化名），說道：

（燕屋）九〇年代開始就出現了，全盛期應該是二〇〇〇年左右，不過那時後有個屋租統制法令，二〇〇〇年廢掉時很多人搬走了，很多房子空著就變成養燕的，房子也租不出去，所以他們很多其實是租房子來搞養燕子的生意。屋主也不管，好過放著沒得收租嘛，養燕子半年來掃一次，骯骯髒髒也沒關係，（……）所以後來二〇〇〇年就很多燕屋的出現。

喬治市大片戰前建築，其實緣於屋租統治法令的限制，不得輕易拆除、轉手而「不小心」保留至今。入遺前，喬治市釋出的空屋子就搭上了這波養燕熱潮，該法令廢除後，老建築面臨拆除、改建，被新建築取代的命運，激起民間古蹟保護者保護老房子的念頭，並依據《保護世界文化和自然遺產公約》展開申遺申請登入世界文化遺產（簡稱申遺）之路[5]。

經過約十年的申遺過程，這些燕屋連帶成功入遺，因此出現遺產區裡遍佈燕屋的現象。然而，入遺後卻因居民與政府的強烈反對，燕屋從合法改列為非法，在SAP中列為禁止事項，無法成為文化遺產的一部分。養燕活動遭到抗議原因在於其不只違反OUV，居民也表示燕屋的存在不僅影響生活品質，還製造了市內大量的除遺（從世遺名單上除名）焦慮。檳州政府在面對聯合國警告，以及民間的反對壓力下，二〇〇八年起給予燕農兩次共六年寬限期，於二〇一四年初以強制的方式，拆遷世遺區的一百多間的燕屋，引起燕農的集體不滿與示威抗議，此議題於衝突的最高點後漸漸告一段落。

「文化」遺產中的「自然」：大馬燕窩產業的獨特脈絡

燕窩產業在東南亞的發展可說是一枝獨秀，現今馬來西亞養燕業參與者九成以上由華人組成，慣以「燕農」和「燕商」稱呼之。遺產區引起爭議的主因，包括燕農被鄰里居民投訴更改建築的外觀、鳥鳴噪音和衛生問題。古蹟修復建築師阿才表示將老屋改造成燕屋，需拆掉原隔間、放置蓄水池以維持的濕度，使建築結構易溶爛烏黑一片，與當地新聞媒體的說法如出一轍。即使古蹟外貌維持如初，內部亦會對戰前建築造成不可逆的毀壞，所以，市民認為燕屋的存在將威脅喬治市世遺的地位。因此，州政府要求養燕業者搬離古蹟區，尤其最後強拆遷的手段，引起檳州燕窩商公會（The Association of Swiftlet Nest Industry，簡稱ASNI）燕農的集體反應與抗議[6]。

要能夠登入世界文化遺產名錄並非一朝一夕之事，且需符合聯合國教科文組織的登入條件、價值體系與申報程序。這十幾年來經過喬治市和馬六甲相關單位的努力爭取、捍衛和抗衡，才得來遺產之名。其中，早在一九八六年即成立的在地民間組織——檳城古蹟信託會（PHT）是功不可沒的幕後推手，其宗旨在於不僅要保護物質遺產，以及被視為「活古蹟」（living heritage）的非物質遺產，包括傳統老行業、多元文化慶典以及居民

註4 「喬治市入遺吸引投資者・老屋價倍增居民喜憂參半」（2012.07.05星州網）
註5 「擦亮世遺光環：世遺穩健發展路坎坷・5頑疾待根治」（2010.12.08星州網）
註6 「養燕破壞檳古蹟區・與業者對話後有定奪」（2008.11.28光明日報）

的保留，亦是喬治市民對於遺產價值的共識[7]。然而，面對早已四佈遺產區的燕屋議題，政府的矛盾在於既要保存這項具有爭議的「傳統行業」、回應居民的投訴、顧及養燕業者的權利[8]，又要確保燕屋不妨礙周邊老房的整體面貌，為難以兼顧之事。

二〇一六年，我在檳城世遺區進行田野研究時，每次在茶室（kopi tiam）[9]吃完雲吞麵都會抓緊機會和小販老闆多聊幾句，問「覺得世遺區怎麼樣，生意有沒有比較好？這裡有燕屋嗎，那個養燕窩的屋子」，即使事隔幾年，聽到的回答青一色都是「現在沒有了，以前很多喔」，或者補一句「播那個聲音唧唧喳喳很吵喔」。

燕窩產業在都市遺產裡引起的偌大爭端，其實與本身產業特性有很大的關係。從分析雙方的正反論述來看，「都市本不該從事畜牧活動」對峙「燕子是野生的，都市也是牠們的棲地」，到底燕窩引殖應歸於畜牧還是野生，必須回到燕窩的生產現場來理解，特別是該物種的「動物性」

註7 「老檳城古蹟旅遊　文化藝術活　最夯」（2015.01.01 東方網）

註8 前朝州政府當時是根據聯邦政府的指南，擬定了養燕屋的措施，並分為3類的建築物：
第一級為紀念建築物、古廟、基督教堂、回教堂及興都教堂等禁止養燕。
第二級是古蹟建築物，獲允許養燕，但是外部不可以改建，內部可裝修為養燕的環境。
第三級是商業建築物獲允許養燕，不能只限於樓上，且召喚燕子的播音聲量，在6公尺內不准超過40分貝，播音喇叭須朝天45度，播放時間是從早上7時至傍晚7時。
作為燕屋的住宅建築物，就須從2005年12月31日起，至今年12月31日的3年內須遷離。如果沒有民眾的投訴，還可以獲准繼續經營。（2008.10.31星州網）

註9 當地稱之咖啡店，為結合傳統早餐、各式餐車與咖啡飲品的開放式用餐聚點，普遍見於馬來西亞與新加坡。

如何融入特定地方人的生活。在深入討論養燕產業對檳城文化遺產的想像之前，得先了解金絲燕的生物特性，以及人們如何運用燕屋來進行生產活動。

燕窩引殖：別於一般畜牧業的養殖模式

燕窩（edible birds' nest），為華人飲食文化中珍貴的烹飪料理，據說有補肺養陰、整腸健脾、養顏美容等功效，至少自中國明代以來為供奉朝廷的藥膳食品，因此燕窩又有「官燕」、「貢燕」之稱。再加上燕窩生產、採摘、洗淨、包裝等程序的成本相當高，因此在消費端上不僅單價高、富有高貴的形象之外，也象徵「吃」出來的社會階級。

回到生產端，這種可食燕窩是金絲燕主要以口水製成的鳥巢。金絲燕在生物分類法上屬較複雜的鳥群之一，因為通常我們所說的金絲燕（swiftlet）所對應的是雨燕目（Apodiformes）雨燕亞科（Apodidae）下十八屬中的四屬之通稱，更細緻的分類則同為科與屬之間的「Collocaliini 族」，包括 *Aerodramus*、*Hydrochous*、*Schoutedenapus* 以及 *Collocalia*，皆可稱之為金絲燕屬，底下約二十六種。

在馬來西亞西部最常引誘來發展燕窩產業的是爪哇金絲燕（*Aerodramus fuciphagus*，異名為 *Collocalia fuciphaga*）以及大金絲燕（*Aerodramus maximus*，異名為 *Collocalia*

maximus），其廣布於印度—太平洋地區，在東南亞多國、中國海南島皆能發現其蹤影。牠們鳥巢的八成以上由唾液組成，呈現白色、半透明的膠狀物，其餘少數黑色的部分為羽毛、雜質等；從外型來看，金絲燕的羽毛呈黝黑色、雌雄相似，體型略小於以泥巴築巢的家燕。

金絲燕是群居的動物，分布於熱帶、潮濕、陰暗的環境，赤道島嶼上的沿海山洞提供牠們得天獨厚的棲息地，為無法生存於有四季的地區的留鳥（不會隨季節遷徙的鳥）。由於地理條件上的限制，中國無法量產燕窩，因此燕窩生產為東南亞特有的產業，在發展上可說是一枝獨秀，以印尼、馬來西亞為首。特別的是，金絲燕是極少數能像蝙蝠一樣以「回聲定位法」在黑暗中尋路的鳥類[10]。

除了天然崖洞之外，燕子也會主動在人類的建築物內築巢，因此依照棲息地點又區分為洞燕與屋燕。

註10 以回聲定位著名的動物以蝙蝠、鯨豚等為代表，然而具有回聲定位功能的鳥類非常稀少，除了金絲燕之外，另一種擁有此本領的鳥類為棲息於南美洲的油鴟。

註11 郭淼澤（2008），《引燕技術　百萬收入》。馬來西亞：Kanyin Pubblications。

03 | 02 01

01 在燕窩版上以口水築巢的金絲燕，鳥巢內育有幼鳥（圖：郭育安）02 金絲燕羽毛黝黑，體型小過於成年人的手掌（圖：郭育安）03 燕屋內部的建築設計，左方為氣孔，右上為木格狀的天花板，提供燕子築巢（圖：郭育安）

隨著燕窩在華人圈的飲食文化地位攀升，人們便發展出一套更有效率的生產燕窩的方式——使用現代技術改良的「燕屋」模擬山洞的環境，其技術成熟後，便漸漸取代傳統的洞燕採集，成了主要生產燕窩的基地。然而，屋燕養殖不像養雞、養豬等一般畜牧業，將動物圈牧在封閉的空間內飼養。相反的，燕窩養殖者必須配合金絲燕的習性，設計一個半開放式的空間，讓牠們可以在太陽昇起時飛出屋外找尋食物來哺育下一代，太陽下山前回屋內休息。燕屋只是提供牠們一個模仿山洞的環境，人與燕的關係並非一般意義上的「畜養」，因此又稱「引燕／誘燕」。

除了燕屋本身的設計之外，在屋內播放模仿鳥鳴的「仿燕聲」（亦稱引燕聲）也是關鍵的養燕技術，目的是讓燕子覺得這間燕屋已經有許多同類居住，引誘牠們飛來勘查、定居與築巢[11]，而牠們的築巢意願、燕屋生窩的成功與否，並不是人們能全權掌控的事。

由於產量的多寡存在高度的不確定性，燕窩養殖業有時也被視一種需要運氣的投資或賭注。興建一棟燕屋，看似被動地坐等金絲燕飛來，其實內涵的養燕技術與學問十分龐雜。例如，蓋一棟燕屋之前須考量引燕地點、燕子飛行路線、食物來源、建築材質；管理燕屋內部的溫度、濕度、光線、氣孔、空間設計包括入洞口、屋內飛行路線、天花板上提供燕子掛著休息與築巢的燕板材質與配置，更重要的是聲音技術——仿燕聲。

仿燕聲為錄製鳥聲而來，以吸引同類為目的，依功能分為集鳥聲、外聲、引導聲、內聲（小鳥聲）等，每一種聲音分別從不同的音響來播放[12]，除了聲音器材的品質之外，各種聲音的播放時間、長度、聲量、音波的頻率、適當的裝置位置等，皆為聲音技術的重點。金絲燕是警覺性強、需要高度安全感的物種，這些技術都是為了滿足金絲燕的生物習性與居住喜好，而創造一種跨物種空間的使用方式。

因此，養燕人，或者稱燕農（swiftlet farmer/ breeder），一開始投資燕屋時，在龐雜的技術實踐上往往難一次到位。就算所知因素都考慮周全，仍存在吸引不到燕子的可能性，而出現失敗率高、一些燕農三、五年看不到收穫便退場的現象。於是乎，新手燕農更仰賴「燕屋專家」的諮詢；而有基礎知識的老手燕農，還需長期觀察燕子、慢慢調整燕屋內外的各種元素，相當仰賴日常的實作與累積，才能擁有一棟令人欣羨的成功燕屋。

註12 同註11。

在環境的變遷中，鳥類可說是在都市化過程中適應最好的生物之一，能對外來的影響做出自發、獨立的回應。就算棲地山洞被破壞，牠們依然能在都市的綠叢中尋找一席之地，並用人工塑料來築巢，甚至在電纜上也能發現鳥巢的蹤影。金絲燕也不例外，牠們本能地選擇居所，築巢於屋簷下孕育後代，自行出外覓食，不同於一般籠內畜牧業的圈養方式，以至於在燕窩收成的預期產量上，燕農需承擔金絲燕「野生性」，以及「難以一時摸透的技術」所帶來的變數。

若燕農在哺育幼鳥時期急於採摘燕窩，將破壞整棟的燕屋生態，群居的金絲燕會選擇至其他更安全的燕屋居住。因此，燕農若要保有得來不易「燕福」以及長期累積的燕窩收成量，須遵守金絲燕的繁殖周期與生命倫理。

在養燕技術中，不論是燕屋或者仿燕聲，皆是以人為的方式模擬金絲燕的生態，若將養燕單一劃分為「畜牧」或「野生」似乎並不是精確的分類。正是因為物種特性與衍生的養殖技術，使人類與金絲燕的關係處在「半野生—半畜牧」的混雜狀態，呈現了具有特色地理風情的人燕關係，所發展出來的高經濟價值的產業。馬來西亞的產燕基地，明顯地從洞燕生產轉移到屋燕生產，不再受到嚴苛的自然條件與政府保育的限制，在郊區甚至都市也能是絕佳的引燕場所。

在馬來西亞的沿海城市，許多戰前房屋的樓上已有不少自來燕的蹤影，指不經技術引殖入室的燕子，特別是大馬許多受屋租統制法令限制而不得拆除的老舊屋子，有些屋子已無人居住，或屋主本也無意圖經營，在華人民俗文化裡視此為「飛來燕福」，有著風水吉祥的象徵，因此大多也不會過度干涉。

隨著大馬養燕熱潮，連帶大增燕屋改建的空間需求，這些戰前建築群便順勢成了二〇〇〇年代熱門的燕屋地點選擇。

燕子是遺產威脅者？燕窩作為傳統行業的爭議

然而，這種人燕關係因經濟與技術的所帶來的變遷，在檳城喬治市的文化遺產中並不是件令人討喜之事。對於文化遺產該不該保留養燕活動之爭議，當時檳城古蹟信託會（PHT）、喬治市遺產機構（GTWHI）、古蹟修復建築師、多數居民對此持明確而激烈的反對立場；另一方面，燕農群體以 ASNI 主席兼顧問律師駱翠蓮（Carol Loh）為主要發言人持贊成立場。

州政府曾二次舉辦地方政府論壇談論此課題，當時的行政議員劉子健[13]則認為只要燕農依據推行的〈養燕指南〉和政策標準來操作和管理養燕業，就能降低其對古蹟區造成破壞。若這些問題會對喬治市世遺地位造成威脅，燕農有必要做出妥協，配合州政府的最低要求，以求繼續保留在古蹟區養燕。若州政府依然苛刻對待燕農，那麼將會造成反彈，對雙方沒有好處[14]。

民間方面，與ASNI抗衡最激烈的是PHT，當時PHT委員Rebecca Duckett-Wilkinson曾在PHT Newsletter撰寫許多相關文章，積極反對燕屋，理由包括噪音、飛禽疾病等環境衛生問題，認為改建的燕屋使傳統華美的屋子失去原有風貌，也呼籲地方政府與市議會採取行動。此外，幾位文史工作者於二〇一一年在社群網站創立「喬治市不要燕屋！」社團，網羅各界有識份子與民眾加入反對燕屋的行列。

二〇一六、一七年寒暑假，我在檳城蹲田野的時候，發現在種種反對燕屋的敘事中，比起破壞古蹟，燕聲播放的「噪音」更是令居民直接反感的因素。我向阿聰問起這話題時，他加快語速與提高聲調地表示：

（引燕聲）搞得滿生風雨吵得要死，尤其放二十四小時很恐怖，隔壁的怎麼睡？因為是個誤解，以為放得越大聲燕子會進來，有時是反效果，有吵得要死燕子也不敢進來，那時候哎呀滿街都是，一直叫一直叫，政府那時規定說把這些響音機全部拆掉，現在雖已經變成經營酒店精品店，不過也是好過燕屋，燕屋是最糟糕的，……又骯髒又吵死。

註13 劉子健在2008至2013年擔任檳農業及農基工業、鄉區發展及治水工程委員會主席、行政議員。現為拿督、檳城州立法議會議長。

註14 「養燕破壞檳古蹟區．與業者對話後有定奪」（2008.11.28 光明日報）

另一方面，遺產區養燕的支持方，ASNI主席駱翠蓮為此提出一系列的澄清與辯駁。第一，她表示養燕在檳州已有半世紀的歷史[15]，應視其為檳城的「活古蹟」之一，且UNESCO專員到訪喬治市時也發現遺產區有不少燕屋，仍成功入遺，說明養燕業並不會影響檳城的世遺地位。第二，燕子是順應自然選擇居留，是多年來的自然情況，並不是全由燕農引誘來的。第三，此事件萌生後，地方政府訂出的養燕指南，能夠指引燕農以專業的經營手法來養燕，但不希望強制燕農遷出遺產區，因為這些燕子仍會在區內活躍。

再者，駱翠蓮希望政府與民眾對養燕業既有的負面印象有所改觀，她強調養燕活動其實並不如大家想像的那樣可憎，些許誤會如破壞古蹟、禽流感與噪音的問題有必要向市民澄清。第一，駱女士曾說燕農並沒有破壞古蹟建築的外觀，反而還在入遺前，老房子失修之際維持其原貌。第二，一般民眾認為燕子有傳染禽流感的嫌疑，但研究報告顯示，鴿子和烏鴉才是傳染禽流感的鳥隻，且金絲燕的雙腳並不著地因此能維持乾淨，更何況馬國國內並沒有疑似案例發生，她認為養燕會導致環境不衛生的說法對燕農並不公平。第三，針對民眾投訴的引燕噪音，她表示燕農所播放的引燕聲量低於政府所允許的四十分貝以下，這樣的音量並不吵雜。但駱女士也不否認，一些不熟悉養燕知識的燕農，錯誤改建古蹟和調高引燕聲的音量，會影響人們對養燕業的看法，她認為此舉只屬少數，只要新手燕農了解養燕技巧後，就不會發生類似的問題。

當然，遺產區養燕不全然只有負面效應，駱翠蓮繼續聲明，養燕業並不會破壞遺產，反而將荒廢建築外觀重新修復。她表示，當時檳州首席部長林冠英執政時，持續投訴中央政府沒有撥款修復古蹟區，但養燕業者卻自行協助州政府修繕古蹟區，以維護建築結構的穩固。若沒有養燕業，喬治市在入遺之前仍是一片荒蕪的舊屋，且燕窩的收益帶動城內的經濟，一些退休的居民其實就靠養燕來維持家計。

最關鍵的回應，眾多人認為養燕會有世遺除名（簡稱除遺）的威脅，駱翠蓮認為這是很荒謬的。她表示，在檳城喬治市尚未被UNESCO列入世遺名錄前已興起養燕活動，該組織派專員到古蹟區考察後仍成功入遺，並對此提出最具癥結點之問：「若當時養燕業沒有影響到古蹟區申遺，為何現在會成為一個問題？[16]」。養燕業在經歷多年歷史後，燕屋已然為老街的自然生態，也算是檳城的老行業之一，如當地老字號——余仁生中藥行，政府應加以保護才是[17]。她也強調養燕業者不應入遺而被迫遷出喬治市。

我發現「燕屋為檳城老行業」的敘事與爭議，某程度源自「余仁生中藥行」。余仁生為檳城遠近馳名的老字號，市民都知道頂樓就是經營超過五十年的燕屋，始於自來燕，其燕窩部分作為自家中藥食品販賣。位於遺

註15「正反支持者針鋒相對・養燕古蹟論壇變辯場」（2010.08.10星州網）
註16「檳應珍惜飛來“燕”福 古蹟區業者：別趕我們走」（2009.09.29光明日報）
註17「正反支持者針鋒相對 養燕古蹟論壇變辯場」（2010.08.10星州網）

01

01 余仁生中藥行，喬治市著名老字號（圖：郭育安）

產區中心的余仁生，建築狀況自家持續保存良好，也少有民眾投訴引燕噪音的問題，完全符合駱女士口中的遺產區養燕的模範，連阿聰都說：「這是最舊一家，政府也不敢拆余仁生的老招牌」。在這節骨眼上，政府面對余仁生也是「睜一眼閉一隻眼」的狀態，也成為遺產區極少數沒被政府拆除的燕屋，更顯示遺產區可否養燕不僅遊走在制度與遺產想像的模糊邊界，也是一件高度政治介入的議題。而其他自家樓上有自來燕棲息的屋主，以往華人文化裡的「燕福」是能向鄰里炫耀分享的事情，在反對燕屋的敏感時期，他們反而低調緊張了起來，生怕一旦消息傳進反對燕屋的激進人士耳裡，飛來燕福就變成飛來橫禍了。

聯合國起初其實並不清楚燕屋的問題，由於贊成與反對養燕的代表甚至將各自的論述背書至聯合國，聯合國才開始向檳城州政府施壓。阿聰接續急促地語氣說：

> 被我們吵吵吵，主要是我們也很多人投訴，剛好那時候香港、臺灣、中國很多禽流感，到二〇〇〇年入遺後他們（燕農）也不肯搬，我們就警告聯合國不允許（燕屋）出現在世界文化遺產，這是人住的城市不是鳥住的城市……。後來聯合國警告檳城州政府，要解釋為什麼你的世界文化遺產有這麼多的燕屋？所以那時候州政府承受很大的壓力，也不高興我們把這些事掀開來，州長還罵我們，『你們這傢伙，如果丟掉世遺就是你們搞的』，我們要保留文化遺產，但燕屋不是我們的文化遺產……

二〇一一年，聯合國教科文組織接獲一系列的投報，致函要求大馬政府給予相關解釋及報告[18]，原本立場相對中立的州政府，因雙方正反辯證來勢洶洶、聯合國的壓力，以及背負喬治市民的集體除遺焦慮，下令給予燕農兩次三年搬遷的寬限期，並於二〇一四初強制拆遷留存的一百二十八間燕屋。隨後，這段長達六年的紛紛擾擾雖已告一段落，但政府處理的此事件的最終方式，包括投資燕屋的音響設備被破壞時，許多燕窩裡還有雛鳥與鳥蛋，種種結果讓燕農認為相當殘忍與不明理，造成日後燕農與政府之間的緊張對立。

註18 「古蹟區養燕聯國過問・檳嚴正看待・力保世遺地位」（2011.02.23 星州網）

然而，到底什麼是「遺產」？須符合哪些條件才夠格稱為「文化遺產」？而燕窩產業又是觸犯了甚麼文化遺產的底線？不僅不受市民認同，甚至成為影響喬治市作為遺產地位的最大禍患。

以現代的情境來看，保存歷史古物與保護自然環境使之列為「世界遺產」，直覺上是再「正確」不過的事，在地居民或社團甚至對此抱持著某種偉大情懷。確實，遺產頭銜不僅保證了一定的國際能見度與龐大的觀光收益，同時也意味著一國家的文化底蘊與管理資源的能力。然而，不能忽略的是，「遺產」的意義與運作，往往隱含了政治權力的分配、改變一地方既有的秩序，以及對在地文化的深遠影響。

世界遺產的建構——傑出普世價值的反思

世界遺產是第二次大戰過後出現的概念，在全球戰火的摧殘與快速工業化發展之下，為保護人類文明的遺跡與自然環境的初衷下而誕生。由 UNESCO 負責執行國際公約，以保存對全人類皆具有傑出普世價值（OUV）的自然或文化場所為目的。一九六五年美國提議將自然和文化一起進行保護，一九七二年世界遺產大會成立，在巴黎通過《保護世界文化和自然遺產公約》，簡稱世界遺產公約，正式將世界遺產分類為自然與文化，同時兼具兩者條件者則為複合遺產（mixed cultural and natural heritage），強調有形物質且視覺意象為主的

「地景」，並訂定諸項「傑出普世價值」為入遺標準（見表1）。

關於世界遺產提名過程，先從一國家境內開始。一個國家首先檢視國內具有自然或文化遺產潛力的預備名單，才能向聯合國世界遺產中心進行申報。接著由國際文化紀念物與歷史場所委員會（ICOMOS）與世界自然保護聯盟（IUCN）分別負責審核文化與自然遺產的候選名單，並親臨現場勘查後上呈報告。審核報告將送至世界遺產委員會，於每年常態會議中決議被提名的遺產是否正式登入。若被拒絕登入《世界遺產名錄》的提名遺產地不得再次提出申請。

表 1：世界文化與自然遺產的傑出普世價值

（作者整理自 UNESCO 官網）

UNESCO 訂定入遺的評定標準：傑出普世價值（OUV）	
文化遺產（文物、建築群、遺址）	**自然遺產（地質結構、天然名勝、瀕危動植物生態區）**
1. 獨特的藝術傑作 2. 在一定時期內對建築藝術、城鎮規劃等發展產生極大影響 3. 為已消逝的文明或文化傳統提供見證 4. 建築群的傑出範例，展現人類歷史上的重要階段 5. 可作為傳統人類居住地或使用地的傑出範例，尤其易於損壞	1. 地球演化史中的突出例證 2. 地質過程、生物演化過程，人類與自然環境相互關係的突出例證 3. 稀有或絕妙的自然美的地貌地帶 4. 尚存的瀕危動植物種的棲息地

擁有世界遺產之名，除了在受到天災人禍時可得到全人類的力量協助保護原始遺跡之外，更是一項國際榮譽，近年來也多體現在觀光旅遊的收益上。登入世界遺產的國家，一九七三年以美國為首，其他國家相繼加入世界遺產締約國的行列，至今歐洲與北美的世遺數量將近全球總數的一半。關於入遺的條件，除了該國為聯合國的會員之外，需簽屬締約國，才能拿到入遺的門票。換句話說，若該地區因國際政治因素無法加入聯合國，即使在文化或自然方面符合 OUV 的標準，也難以爭取世界遺產的頭銜。

回溯遺產誕生的一九七〇年代，世界正值工業化發展與經濟全球化的趨勢，西方國家開始意識到自然資源與古文明可能因過度發展，而即將面臨不可逆性的破壞，遺產的初衷正是「保存」這些自然景觀與歷史建築，並將重點放在「懷舊」或「美學」等令人愉悅的物質基礎與紀念形式上，並非強調其實際的使用性[19]。再者，所謂傑出普世價值（OUV）的「普世」（universal），用地理語境來講，其實就是全球化之意，而 OUV 某程度其實就是西方價值的全球化，同時也彰顯了西方強權的野心。

在本篇文章裡，以討論文化遺產為主。有批判遺產學者指出，遺產之所以成為遺產，是因為它被賦予「傑出普世價值」，這是一個建構的文化過程，並非它與身俱來就「是」[20]。保護遺產的念頭誕生於西方，「遺產的形成」是

註19 Smith, L. 2006. Uses of heritage. London: Routledge.

註20 同註19。

能經由繪製、研究、分類與管理的有形物件或場所，並經由國家立法和國際協定、公約和章程等一套標準程序來逐步「成為遺產」。在這套使物質或地方「遺產化」的標準程序中，聯合國將其明確劃分為自然與文化、有形與無形，但事實上這兩者之間存在無法劃分的交疊地帶，燕屋事件為此提供最具代表性的例子。

老舊建築物因「不再使用」要不被迫拆除，要不透過「遺產化」的條規程序來成為「遺產／資產」予以保留。在文化意義上，透過保存物質來作為歷史的承先啟後；空間使用上，老舊建築物普遍轉為博物館等遺產觀光活動。然而，喬治市內四千多間的老屋總不能一半都作為博物館，或是轉型為商店、旅社等商業經營。因此，驅離為數眾多的燕屋後，如何抑制過度商業化、如何活用歷史空間，尤其是老屋二樓，甚至吸引住戶回流的可能性，成了當地遺產工作者的核心之務。

成為遺產後：「凍齡」空間的使用難題

> 我們是馬來西亞第一個世遺城市，對大家來說是一個很新的東西，所以我們也是一直在學習面對不同的人、不同的事情、學習盡量做怎樣可以做的更好。
>
> ——溫姐，遺產工作者

歷史建築物遺產化的空間再利用已是全球各地面臨的議題，檳城也不例外。「樓下做生意，樓上是住家」這種住商混合的建築群，正是檳城文化遺產的特色之一，然而時代的變遷，部分住家因各種原因而選擇搬離，反倒換成了燕子的入駐。我訪談一位住在檳城的資深燕農阿土伯，說道：

（喬治市）以前很多人都已經搬家了，都沒有住了，有的買新房子、有的樓下做生意，樓上不管它啦。他們搬到 taman[21]，就是新的住宅區，搬出去住後（老房子）樓上是空的，所以鳥就跑進來做窩。燕窩從以前到現在，都是一個很高檔的產品，但那時候很多人也不知道那個到底是甚麼東西，以前很多人只有聽過燕窩，沒有吃過也沒有看過，所以他們都沒有去管牠（自來燕），也沒有去採。

入遺前之所以會有大量燕屋進駐，源於這些漸漸無人居住的老屋二樓，恰巧成了燕窩生產的空間。雖然政府與市民一再以「活古蹟」的口號，呼籲保留老行業與原居民的重要性，弔詭的是這些「活古蹟」卻越來越少市民居住。基本上，喬治市主要有兩批遷移潮，第一批是屋租統制法令的取消，第二批則為入遺之後，房價與物價兩波增幅的過程中，流失了非常多的原住戶，新的商業與文化活動進駐，喬治市轉型為現代中產階級的城市。

原有居民的流失一直是檳城人遺產實作中所關注的焦點，其原因除了法令與屋價上漲的因素之外，在根本上，現今房屋生活型態已經改變，以往老房子的結構對現代人的生活需求並不友善，包括家庭人數、修繕成本、交通考量以及行業性

註21 taman：馬來文，住宅區之意。

02 01

01 緊靠馬路的戰前建築，街道狹窄難以容納太多車輛（圖：郭育安）
02 上班時間的喬治市，右上角為地標光大（komtar）（圖：郭育安）

質等，已有劃時代的變異。在喬治市長大、現為遺產工作者的溫姐，她分析其實不只是屋價的問題，並對現今喬治市住宅與生活習慣的轉變有一連串細節的描述，有感而發的說：

> 很多人會說喬治市很少人住，其實有各種原因，以前我們在建設這個城市的時候，屋子是緊靠著馬路的，（現在）有車在你的前面騎過，你會聽得很清楚。以前沒因為是馬車或腳踏車，路上摩哆（摩托車）也很少，以前喬治市擁有一輛摩哆已經是很有錢了，所以噪音問題沒有這麼嚴重。

第一，關於汽機車的噪音，在汽車尚未普及的年代，戰前建築的設計當然無法考量汽車的動向與停放空間。喬治市的街道狹窄難以容納太多車輛，找車位困難，許多市民只能把車停在市政府的停車位，每日的停車費也是一筆開銷，上下班時間更是塞車的尖峰時刻。

第二，溫姐說：「喬治市是一座建在沼澤上

面的城市」，位於熱帶潮濕氣候的海洋島嶼，多年的老房子已部份呈現破舊之貌。除了容易漏水之外，一般的油漆粉刷容易剝落，因此牆壁必須使用可透氣的水漆，必須不斷的照顧。

第三，老屋子的排汙系統興建於沖水馬桶普及之前，因此檳城在一九三〇至一九八〇年末期，人們使用舊式馬桶，老狹長房子的後端有個井（即左頁圖右上方的「廁所」），「以前久不久就會有一輛水肥車來抽走那些汙水」溫姐說。當時由一群喬治市市政局聘僱的「夜香工人[22]」挨家沿屋收集這些汙水，扮演維護都市公共衛生的重要角色。

第四，喬治市的戰前古蹟群，屋內結構為狹長型且多間相連，以往多是大家庭或是許多租戶住在一層長形建築裡，而現代小家庭超過五人已甚難得，轉換至合適家居大小的「taman」可想而見。另一位在檳城工作的遺產研究者大珊，針對屋內空間的使用，一語道破地說：

03 | 01 02

01-02 部分的老房子已呈現些許破舊之貌（圖：郭育安）03 檳城老屋內部結構（圖片改繪自GTWHI網站。繪者：汪熙陵）

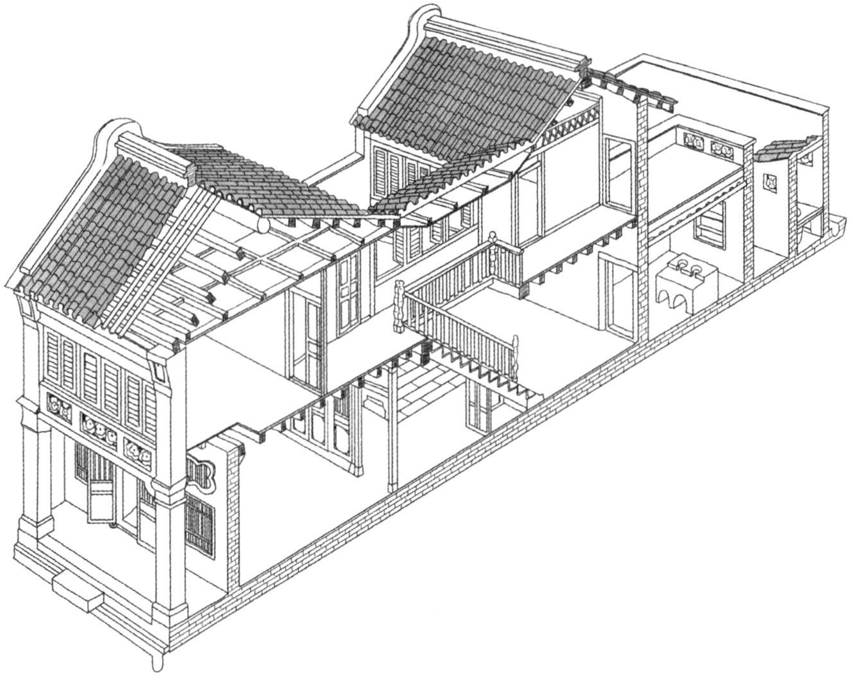

滿尷尬的地方也在於說，喬治市的古蹟其實也沒有把它發展成現代家庭可以居住的一個環境，它很長、很大，門不就很小嘛，可是這一大棟房子，現在家庭才兩夫婦怎麼可能住……

大珊還開玩笑說：「比起人住，古蹟拿來養燕或許還更能完善地使用古蹟內部的空間」。

古蹟養燕並不是只有喬治市才出現的現象，馬來西亞其他地方如吉蘭丹州也出現雷同情況。以往住商混合的生活型態——房子前端賣東西，後端作為倉庫使用；而今只有某一些條件的行業才能夠滿足這樣的住商需求。

註22「檳紀錄片團隊還原歷史·45分鐘向夜香工人致敬」（2017.08.02 星洲網）

戰前建築屋內有著老木頭的隔板，再將其對比燕屋的構造，皆屬狹長的空間設計，兩者乍看的確有些近似，也難怪新進的燕農會選擇直接將老屋子改建為燕屋，因為老屋子的長型空間、潮溼老舊的木頭材質，以及屋頂處的天井設計，正提供燕子一個光線適當、空氣流通的絕佳入燕口，這些恰巧地為養燕提供「借屋使力」的現成空間。於是乎，燕農先前將這些「不合時宜」閒置老房子改成燕屋，埋下日後房子是否能成為文化遺產的爭議。

世遺的頭銜「凍齡」了戰前老屋群的樣貌，高屋價、汽機車噪音、停車不便、老房子的維修、舊式排污系統、家庭居住空間物理環境等，種種因素對現代人的生活來說顯得居住不友善。高達四千多間的建築群到底該如何恰當使用，為何不能如臺南水道與蝙蝠共生發展遺產生態觀光呢？其中一大原因是燕屋對檳城人來說隱含了集體的除遺焦慮。

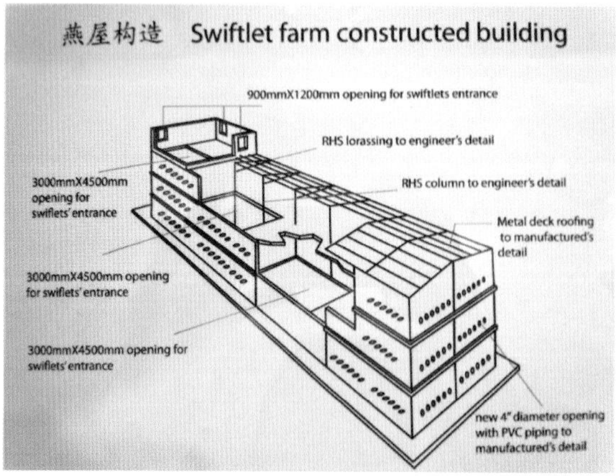

01

01 燕屋構造示意圖（作者攝於雪蘭莪州官燕苑）

集體的「除遺」焦慮？

在檳城的媒體新聞上，與世遺相關的報導已成為常態，時不時可看到又有什麼事件可能導致除遺。除了燕屋之外，尚有旅店、咖啡廳、博物館與精品店過多、外國財團的購屋風波、屋價上漲使原有居民陸續搬遷、傳統行業消失、蓋高架橋、鄰近遺址挖掘等等爭議不斷。

到底除遺這件事有多容易發生？除遺的條件又是為何？然而事實上，UNESCO至今為止只有兩個除遺的例子，一是二〇〇七年阿曼阿拉伯羚羊保護區，二是二〇〇九年德國德勒斯登易北河谷，兩者皆自願。入遺不簡單，而要除遺也不容易，需要一連串嚴謹的審核程序，實際除遺之前至少先列入「瀕危世界遺產名錄（List of World Heritage in Danger）」。這項程序旨在促進國際意識到遺產面臨威脅，鼓勵各國採取保護行動。據聯合國官網顯示，目前瀕危的遺產點有五十四項，其中一九八〇到一九九〇年代列入瀕危名單就有十一項，說明這些遺產點被警告至今已長達二十年以上，證明除名其實沒有那麼容易。

那麼檳城市民對除遺的集體焦慮從何而來？市民又如何處理除遺焦慮？為了嘗試解釋疑問，二〇一七年寒假我跑了一趟馬六甲。前文提及喬治市與馬六甲雙城以一座「馬六甲海峽歷史城市」齊名，這背後還有一段故事：起初，喬治市曾以單城申遺但並不順利，而後與馬六甲合作方齊名申遺成功，在於前者擁有文化的寬度，後者擁有歷史的長度，彼此互補。馬六甲遺產區當時也有燕屋存在，雖然為數不多，但當地政府與居民並未有強烈的反對態度，甚至城內還設有燕窩博物館。再者，馬六甲沒有像 PHT 的民間團體與 GTWHI 的官聯組織，也沒有像喬治市每年籌辦盛大的世遺慶典。在馬六甲的田野調查中，使我發現即使雙城齊名入遺，城內風氣差異甚大，幫助我回過頭來思考喬治市民如何看待世遺。

剛開始抵喬治市時，我吃完雲吞麵後常抓緊機會和華人麵攤老闆多聊幾句，問他們：「覺得入遺後的喬治市怎麼樣，生意有沒有比較好？這裡有燕屋嗎？」那位麵攤老闆原本住在喬治市，正是因為入遺後因消費成本增加而搬離市區，白天還是在市區上班。他表示雖然被迫搬離熟悉的小鎮有些無奈，不過依然對文化遺產的頭銜帶有一種身為檳城人的光榮感。

檳城喬治市，因英國殖民時期的自由港開埠而昌榮，也因其關閉而沒落。在馬來西亞朝向國家經濟自由化的願景下，屋租統制法令於一九九〇年代末廢除後，喬治城內的戰前建築群因一度人口外移、面臨拆除命運的危城。經過十多年來申遺過程，喬治市總算爭取到世遺地位，也是留存這些老屋子的金牌保護罩。在城內長大、現為遺產工作者的溫姐說：「入遺讓喬治市又重新有機會了，所以大家又回來了」。

或許，檳城人得來不易的「遺產光榮感」之反面正是「除遺焦慮」。他們擔憂城市因某個管理失序而導致除遺之外，同時也擔憂在咖啡店、博物館、旅社等過多、商品趨於一致性逐漸取代原有的城市樣貌，好不容易風華再現的城市，又再一次面臨失去多元族群原有的生活模式、傳統產業消逝與居民搬離的命運。也因如此，遺產對檳城人來說，不僅是國際頭銜，也是他們認同自身城市文化與公民動員的最佳媒介，並藉由身體力行、日積月累的歷史相關文化活動，來加以保護與傳承之。

檳城人的「光榮感與除遺焦慮」正是遺產認同的一體兩面，來自他們某程度將在地文化的傳承寄望在遺產之名的施力點上，並將這些心理認同付諸行動，我將其稱之遺產實作[23]。特別的是，喬治市主以「有形、物質」作為入遺項目，入遺後不論是民間以至政府，皆不厭其煩地推廣「無形、非物質」的文化活動。

集體的除遺焦慮，同時也反映喬治市民對於遺產城富有高度的日常關注與行動力。喬治市民不僅關注戰前建築的保存狀況，亦相當關注「非物質文化遺產」的項目，也就是當地所號稱的「活古蹟」，並以此作為遺產實作的主要施力點。這些實作內容，包括致力保留傳統產業、多元族群的文化節慶，以及不同社群對於文化遺產的多元想像；同時也致力排除威脅世遺地位的元素，如大規模反對燕屋的運動等，其實已在無形之中重新再現文化遺產與普世價值的意義。

另一種地方認同的實作：「非物質」文化遺產

關於非物質文化遺產（intangible cultural heritage，又稱無形文化遺產，以下

註23 取自Braaksma, Jacobs, and van der Zande (2016) 所提的「遺產地景實作」之概念。

簡稱非遺）是一九九〇年代末逐漸興起的討論，有鑑於先前只著重保護「有形」的文化遺產，UNESCO 遺產大會於二〇〇三年正式推行《保護非物質文化遺產公約》，與前者分別為不同的計畫與締約國。根據公約，非物質文化遺產包括口頭傳統與表述、表演藝術、節慶、傳統手工藝技能等，以保存瀕臨語言、世界傳統音樂等無形文化財產為宗旨。

喬治市登入的是「有形」文化遺產的頭銜，然而不論 PHT、GTWHI 以及其他相關藝術教育組織，即使沒有非遺的頭銜，皆相當關心「無形」文化遺產，甚至是部分遺產工作者平日主要的工作內容。如喬治市每年七月七日都會舉辦為期二至三天的「世界遺產慶典日」，也是全島的公共假日，由 GTWHI 主辦的盛大活動，每年針對不同主題來展演地方的文化特色。如二〇一五年與二〇一六年的主題分別為當地飲食文化與傳統遊戲，而二〇一七年暑假，我以實習志工的身分參與 GTWHI 世遺慶典的籌備，當年的主題就是「口頭傳統與表述」。

每年世遺慶典是檳城數一數二需要封街的大型活動，籌備期長達半年以上，需要聯繫城內外各個不同民族與族群，談論文化知識傳達或表演藝術的合作計畫，如二〇一七年的世遺日，各族群的工作人員擺攤教導遊客如何用不同語言來寫自己的名字。每年遺產日的籌備，相當仰賴跨族群的溝通、凝聚力，以及對遺產城的高度認同，這場的大型活動方能如期舉辦。

誰才是合格的傳統「活古蹟」？

喬治市為金絲燕棲息地，又融合地方行業的特色，燕屋卻在入遺後成為第一號的眼中釘，除燕運動倒也成了喬治市民保衛遺產的集體實作。二〇一〇至二〇一二年，GTWH與PHT招募市民一同協作，在世遺區進行大規模的街屋普查，主要是調查哪些居民的行業屬於喬治市的傳統，應該列於被重視的非遺項目。在GTHWI官網可以看到〈喬治市非物質文化遺產二十案例〉，來自這項街屋普查計畫的結果之一，內容皆是傳統行業的介紹，序裡有一段寫著：

> 最激勵人心的是，喬治市至今還是活生生的文化遺產，尋常老百姓依舊在此工作和過日子，傳統祭祀、慶典和民生活動依然保持活力。（激勵但遺憾的是，有些正處於瀕危的狀態（……）我們深信，這些非物質文化遺產是喬治市的瑰寶……

由此顯見，即使喬治市並沒有向聯合國申報非遺的頭銜，但這些對於傳統行業的重視與保護，已是市民想像中的非遺。傳統行業二十案例裡面包括打船錨、戲班、炒咖哩粉、武術、編籐、糊紙、回教書店、印度家用品及祭品零售商等等，並沒有納入余仁生中藥行在內的養燕行業。

在華人的文化裡將「鳥來屋簷下造窩」視為好運與福來的象徵，在臺灣的騎樓下，也常見人們釘小木板方便泥燕築巢的友善行徑。但是在二〇〇八至二〇一四年時期，燕屋成了敏感話題，檳城民眾就算自家樓上有自來燕棲息，也不再抱著「燕來福氣的光榮」，而是轉為不敢隨意向人提起。檳城余仁生的燕屋與養燕具有成為當地生態特色、華人傳統行業的潛力，但因種種負面因素而不被市民認同為傳統行業，更不用說成為非遺想像的一部份。

二〇一〇至二〇一二年，當時正值養燕風波的熱議，參與街屋普查計畫的阿蘋說：

> 有四千多間老屋子，我們在古蹟區 identify 哪間是燕屋，你家每天七點牠（聲音）越來越糟糕，就是它那聲音是假的，越播越多次，然後他們（燕屋）整個衛生狀況啊……，你不能只是說古蹟是死的，你不能說鳥來影響古蹟的價值……那個觀點人家不理的。（所以）我們做很多數據，然後也去訪問個別的所謂受害者，前前後後應該七到八年，就是整個 fight for 這個燕屋不要在這裡了……

同樣曾參與街屋普查計畫的阿聰更表示：

> 我們做了數據全部交給政府，給他地址哪一家是燕屋，一直有增加的趨向，所以我們跟政府說，一定要採取行動，沒有採取行動他們（燕農）就不怕，雨後春筍，全馬大城小鎮全部都是燕屋的天下，真的不能收拾的。幸虧我們屋價越來越高，連這個燕屋他們也受不了這房租起價，所以全部撤退出來，可是你到馬來西亞其他城鎮完全沒得救，有的城市全部變成燕屋城，所以他們（拆遷燕屋的政府團隊）那時候採取行動，我們就跟他一起走進去弄壞的設施。

或許對多數檳城人而言，燕屋曾是最大的除遺焦慮，因此個人與民間團體參與街屋普查、蒐集有利證據來對抗燕農的論述，這就是一種遺產實作。在鞏固遺產光榮感的同時，唯有對「想像的文化遺產」不斷地進行實作，作為抵抗除遺焦慮的方式。從街屋普查、日常藝術教育，以及每年的世界遺產日慶典，在在顯示市民對非遺的重視與熱愛，以地方的動員與號召力，讓民間自己來鞏固世遺的地位。

從新聞、紙本與田野訪談中，可見喬治市民、州政府與聯合國反對燕屋與燕子的激進態度，將一地方的生態特色由世遺的政治力量劃界與排除。有燕農說「政府不是說要活古蹟嗎，燕子住在古蹟裡面不是活的嗎？為什麼不行？」，「活古蹟」這口號的意義對燕農來說反而更加的困惑。如何在「活古蹟」的不同想像中取得優勢，需要經過不同社群的遺產實作來競逐，而金絲燕在其中又扮演著甚麼角色？

金絲燕在喬治市雖已有半世紀以上的歷史，即使燕農的論點有道理，最終卻無法成為文化遺產的一部份。而此議題引起諾大的爭議，在於戰前建築是文化、燕子是自然野生的，而燕窩產業的特性就位於文化與自然的模糊地帶上。燕屋議題的過程與終結，某程度是在UNESCO將自然與文化的二元普世價值結構之下，西方價值全球化與地方生態特色之間的縫隙下產生的矛盾，文化遺產反而變成是一種全球與地方的政治手段，來決定遺產區什麼應該保留、什麼應該排除，在哪裡養燕成為一件很政治的議題。

因此，若說燕屋是檳城的老行業，我想只有那些不必依賴聲音技術的少數老燕屋才符合標準。而檳城人在面對過量的新建燕屋、燕窩產業的負面形象，以及是否贊成養燕的論述抗爭，最終演變成「喬治市不要燕屋」的結果。

共生的可能性？世界文化遺產的地方新想像

檳城文化遺產與燕屋的議題，浮現全球化下的地方問題。大量燕屋的浮現，反映了中國燕窩市場的崛起，以及全球金融風暴引發印尼華人逃難帶來的屋燕技術，使得馬來西亞傳統山洞採集不再是主要的燕窩生產模式。再者，在燕屋被排除於喬治市的過程中，反映一座城市的意義轉變、世界遺產的文化政治，以及西方文化價值與地方自然脈絡的矛盾。

入遺後，翻新了地景的意義，也在燕屋的浮現與排除中，反映人與動物關係的轉變。畜牧業的衛生疑慮、危害鄰里的居住環境，往往劃界於都市之外，被視為世遺「害鳥」的都市金絲燕成為一種社會性排擠的對象，動物在「排除燕屋」的遺產實作中更加地被邊緣化。而遺產作為一種驅逐自然動物的文化政治手段，反映了養燕不存在於喬治市民的集體記憶與認同之中。

此議題之所以引起居民與政府的強烈反彈，很大原因在於居民與政府對於除遺的焦慮，將「文化」遺產中不該有「自然動物」的焦慮，以及對養燕產業的負面觀感，一併體現在將剷除燕屋的行動中。不論是反對或支持養燕所衍伸的論述與行為，從實作的內容中也反映出「世遺城市的想像」應是什麼樣貌，何處應改善、什麼傳統活動應該被保留與展演，而什麼應列為禁止與違法項目。當不同的想像產生衝突時，如何決定想像的順序與優勝劣敗，便成為一件政治性的決策。

不過，從除燕運動發生於入遺之後、UNESCO對燕屋議題也是後知後覺的情況來看，其實是檳城市民自發的反對運動，乘載著他們對「文化」的想像。即使養燕被排除於遺產之外，動物仍扮演了重要的角色，參與地方人民想像遺產的過程，來為遺產提供新的意義與面貌。

都市早已是金絲燕的棲地之一，與人類的生存空間重疊，兼具地方自然生態與海外華人文化的縮影，雖然部分燕子還是照樣飛入尋常百姓家築巢，但燕農已無法名正言順的在遺產區進行養燕活動。我認為燕屋即使有地方歷史記憶，卻無法成為文化遺產的一部份，原因在於這座遺產的意義在檳城人遺產實作過程中，又有了一次轉變。

遺產的保留原於處理與過去歷史的關係，而遺產的活用則是與如何現代生活的連結。現今遺產不再拘泥於保留完整的過去與歷史，反而更關注未來的發展，包括遺產頭銜所帶來的觀光經濟，以及在地文化的展演與傳承等。我想是由於有形歷史物件的鑑定與修復多屬專家知識的範疇，而非遺就是市民「傳統的」日常生活。因此，人民從手邊選擇非遺的項目，來取得遺產實作的資源，實踐檳城人的地方認同與光榮感，成為喬治市公民參與最主要的動員之力。

本文藉由喬治市入遺與燕窩產業的碰撞，來重新思考世界「文化」遺產與「傑出普世價值（OUV）」的意義。特別是，東方脈絡的特殊性往往不亞於西方引領的規範，OUV並非神聖化的鐵則。因此當一地方被視為擁有OUV的同時，思考在遺產規則下有什麼是被忽略、被壓迫的地方特色，或許能延展出更多的新想像，使人與動物交織的地方生態特色，在世遺的結構中擁有共存與協商的可能性。

● 親愛的讀者你好，非常感謝你購買衛城出版品。
我們非常需要你的意見，請於回函中告訴我們你對此書的意見，
我們會針對你的意見加強改進。

若不方便郵寄回函，歡迎傳真回函給我們。傳真電話 —— 02-2218-1142

或上網搜尋「衛城出版FACEBOOK」
http://www.facebook.com/acropolispublish

● 讀者資料

你的性別是 □ 男性 □ 女性 □ 其他

你的職業是 ________________ 你的最高學歷是 ________________

年齡 □ 20 歲以下 □ 21-30 歲 □ 31-40 歲 □ 41-50 歲 □ 51-60 歲 □ 61 歲以上

若你願意留下 e-mail，我們將優先寄送 ________________ 衛城出版相關活動訊息與優惠活動

● 購書資料

● 請問你是從哪裡得知本書出版訊息？（可複選）
□ 實體書店 □ 網路書店 □ 報紙 □ 電視 □ 網路 □ 廣播 □ 雜誌 □ 朋友介紹
□ 參加講座活動 □ 其他 ________

● 是在哪裡購買的呢？（單選）
□ 實體連鎖書店 □ 網路書店 □ 獨立書店 □ 傳統書店 □ 團購 □ 其他 ________

● 讓你燃起購買慾的主要原因是？（可複選）
□ 對此類主題感興趣
□ 參加講座後，覺得好像不賴
□ 覺得書籍設計好美，看起來好有質感！
□ 價格優惠吸引我
□ 議題好熱，好像很多人都在看，我也想知道裡面在寫什麼
□ 其實我沒有買書啦！這是送（借）的
□ 其他 ________

● 如果你覺得這本書還不錯，那它的優點是？（可複選）
□ 內容主題具參考價值 □ 文筆流暢 □ 書籍整體設計優美 □ 價格實在 □ 其他 ________

● 如果你覺得這本書讓你好失望，請務必告訴我們它的缺點（可複選）
□ 內容與想像中不符 □ 文筆不流暢 □ 印刷品質差 □ 版面設計影響閱讀 □ 價格偏高 □ 其他 ________

● 大都經由哪些管道得到書籍出版訊息？（可複選）
□ 實體書店 □ 網路書店 □ 報紙 □ 電視 □ 網路 □ 廣播 □ 親友介紹 □ 圖書館 □ 其他 ______

● 習慣購書的地方是？（可複選）
□ 實體連鎖書店 □ 網路書店 □ 獨立書店 □ 傳統書店 □ 學校團購 □ 其他 ________

● 如果你發現書中錯字或是內文有任何需要改進之處，請不吝給我們指教，我們將於再版時更正錯誤

請沿虛線剪下

廣告回信
板橋郵局登記證
板橋廣第1139號

請直接投郵•郵資由本公司支付

23141
新北市新店區民權路108-2號9樓

衛城出版 收

● 請沿虛線對折裝訂後寄回，謝謝！

ACRO POLIS 衛城出版

Beyond

10

Beyond

10

走入亞細安

臺灣青年在東南亞的第一手觀察報導

作　　者／林佳禾、胡慕情、郭育安、游婉琪、
　　　　　萬宗綸、賴奕諭
策畫主編／林佳禾
圖表、地圖繪製／賴羽彤
執 行 長／陳蕙慧
總 編 輯／張惠菁
責任編輯／賴虹伶
編輯協力／曹依婷
行銷總監／陳雅雯
行銷經理／尹子麟
行銷企劃／余一霞
封面設計／萬勝安
內頁設計／ivy_design

社　　長／郭重興
發行人兼出版總監／曾大福
出　　版／衛城出版
發　　行／遠足文化事業股份有限公司
地　　址／23141 新北市新店區民權路108-2號9樓
電　　話／02-22181417
傳　　真／02-22180727
客服專線／0800-221-029
法律顧問／華洋法律事務所 蘇文生律師
印　　刷／呈靖彩藝有限公司

初　　版／2020年5月

本書獲「文化部南向翻譯及出版交流補助」。

國家圖書館出版品預行編目（CIP）資料

亞細安 ： 從新加坡、菲律賓、馬來西亞到越南,
臺灣青年在東南亞的第一手觀察報導 ／ 林佳禾
等著. -- 初版. -- 新北市：衛城出版：遠足文化
發行, 2020.04
　面；　公分. -- (Beyond ; 10)
ISBN 978-986-98890-2-5(平裝)

1.區域研究 2.東南亞

738　　　　109003715